EINE WUNDERBARE

Weihnachtszeit

Gabriele Liesenfeld

Mein wunderbares Weihnachtsbuch

24 weihnachtliche Adventsgeschichten

24 lustige Gedichte

24 liebevolle Tipps für den Adventskalender

WUNDERMEER VERLAG

Impressum

Deutschsprachige Erstausgabe September 2022

Gabriele Liesenfeld / Herrenstr.22 / 3062 Totzenbach / liesenfeld@aon.at

Layout & Lektorat: Heidi Hofmann / Paltram 6 / 3062 Kirchstetten / heidi253.hofmann@gmail.com

Herstellung und Verlag: Wundermeer Verlag

Cover Illustrator: Carlos Agterberg

Herstellung und Verlag: 1. Auflage Wundermeer Verlag

Hardcover ISBN: 978-3-9505294-4-9

Taschenbuch ISBN: 978-3-9505294-5-6

Inhalt

Vorwort

In der Adventszeit freuen wir uns auf Weihnachten. Es ist eine magische Zeit für Kinder, in der täglich die Spannung steigt. Die Vorfreude wächst mit jedem dieser 24 Tage ein wenig mehr. Die Mädchen und Jungs freuen sich auf den Weihnachtsbaum, die Geschenke und das Feiern mit der Familie.

Eltern können diese Zeit noch wundervoller machen! Es ist ganz einfach. Es genügt, sich jeden Tag ein wenig Zeit zu nehmen, um sich gemeinsam zu freuen, um zusammen zu sein, um den Geist von Weihnachten einzufangen.

Mit diesem Buch möchte ich ein wenig dazu beitragen. Für jeden Tag im Advent gibt es eine lustige, spannende oder verträumte Weihnachtsgeschichte, ein Weihnachtsgedicht – denn Kinder lieben Reime – und eine Überraschung für den Adventskalender.

Es ist ein besonderer Adventskalender. Einer, der kein Geld kostet, aber dafür Eltern und Kindern Zeit miteinander schenkt. Denn die gemeinsame Zeit ist das Allerschönste und Allerwichtigste für Ihre Kinder.

Und so funktioniert dieser Adventskalender: Jeden Tag findet das Kind einen Gutschein mit einer ganz besonderen Überraschung. Diesen Gutschein kann es bei den Eltern an einem beliebigen Tag einlösen. Der Adventskalender selbst besteht aus 24 Zetteln oder Kärtchen, die Sie mit den Adventsüberraschungen im Buch beschriften. Die Kärtchen werden zusammengerollt und mit einem Bändchen zugebunden oder in Weihnachtspapier eingepackt.

Die Gutscheine werden dann mit Wäscheklammern an einer Schnur befestigt, die Sie unter der Decke quer durchs Zimmer spannen. Die Gutscheine an der Schnur können auch von oben bis unten an einem Vorhang hängen. Oder Sie können die

Gutscheine in alte Marmeladegläser stecken, auf die Sie die Zahlen von 1 - 24 schreiben. Am allereinfachsten ist es, sie jede Nacht heimlich unter dem Kopfkissen Ihres Kindes zu verstecken. Oder Sie erfinden Ihren eigenen Adventskalender!

Die Weihnachtszeit ist eine Zeit, in der wir Erinnerungen erschaffen. Wir können Sie zu einer Zeit machen, von der unsere Kinder irgendwann einmal ihren eigenen Kindern erzählen.

1. Dezember

Der Aufbruch der Wichtel

Der kleine Wichtel Wollmütz schreckte aus dem Schlaf. Er setzte sich in seinem Bettchen auf und schaute auf den Wecker. Vier Uhr früh. Noch lange nicht Zeit zum Aufstehen. Im Schlafsaal der Türchen-Wichtel war alles dunkel und still. Wollmütz hörte nur das leise Schnarchen der anderen Wichtel. Seufzend legte er sich wieder hin. Um 6 Uhr würde der Wecker klingeln. Dann war es endlich soweit. Heute war der große Tag. Der Tag, an dem die Wichtel aufbrechen würden.

Um Punkt 6 Uhr läuteten alle Wecker im Schlafsaal. Die Türchen-Wichtel sprangen aus ihren Betten und liefen in den Waschraum, um sich die Zähne zu putzen. Der Ober-Türchen-Wichtel Chefmütz stand mit seiner Trillerpfeife an der Tür und passte auf, dass alle sich beeilten.

Danach liefen sie gemeinsam in den Frühstücksraum. Der Koch-Wichtel Pfannkuchmütz hatte alles schon vorbereitet und die Wichtel ließen sich den Lebkuchentee und die Kokosplätzchen schmecken. Wollmütz war ein wenig nervös und beinahe hätte er sich den Tee auf die Hose geschüttet. Im Kopf ging er noch einmal die Liste der Sachen durch, die er mit zu seiner Wichteltür nehmen musste.

Ein Zauberstab, sein Zauberbuch, seine Wichtelmütze, die Ringelsocken, der Gürtel mit den Glöckchen und sein Glücks-Teddy … der Glücks-Teddy! Hatte er den eingepackt? Wollmütz konnte sich nicht erinnern. Schnell schluckte er den letzten Bissen Kokoskeks hinunter und rannte zurück in den Schlafsaal.

Er holte seinen Rucksack aus dem Schrank und stellte ihn aufs Bett. Dann packte er alles aus, was er am Abend zuvor eingepackt hatte: Den Zauberstab, das

Zauberbuch, die Wichtelmütze, die Ringelsocken, den Gürtel mit den Glöckchen ... aber da war kein Glücksteddy! Erschrocken starrte Wichtelmütz in den leeren Rucksack. Wo war bloß sein Glücks-Teddy? Ohne den konnte er unmöglich aufbrechen. Niemals würde er seine Aufgabe hinter der Wichteltür erfüllen können, wenn er seinen Glücks-Teddy nicht dabei hatte.

Wichtelmütz fing an zu suchen. Er schaute unters Bett, in den Schrank, ins Regal und unter den Teppich. Er wühlte in der großen Spielzeugtruhe, krabbelte unter die Holzbank in der Werkstatt und kletterte auf den Dachboden. Nirgendwo fand er seinen Glücks-Teddy. Wie schrecklich, dachte der kleine Wichtel. Nun würde er bis zum Weihnachtsabend allein sein hinter seiner Wichteltür. Eine dicke Träne kullerte seine Wange herunter und fiel auf seine Glöckchenschuhe.

In diesem Moment erklang die laute Trillerpfeife im Hof. Chefmütz rief seine Türchen-Wichtel zum Aufbruch. Wollmütz putzte sich traurig die Nase und lief dann zurück zu seinem Bett. Er packte alles wieder in den Rucksack: Den Zauberstab, das Zauberbuch, die Wichtelmütze, die Ringelsocken, den Gürtel mit den Glöckchen. Da fiel ihm ein, dass sein Bett noch nicht gemacht war! Alle anderen Betten im Schlafsaal waren schon ordentlich gerichtet.

Schnell schüttelte der kleine Wichtel das Kissen auf und da! Da war sein Glücks-Teddy! Er war in der Nacht wohl unter das Kissen gerutscht und hatte dort verschlafen. Glücklich küsste Wollmütz seinen Teddy auf die Knopfnase und stopfte ihn in den Rucksack.

Jetzt konnte das Abenteuer beginnen! Auf geht's zur Wichteltür! Und schnell lief Wollmütz in den Hof, wo die anderen schon auf ihn warteten.

Das Wichteltürchen

Durch Eis und Schnee der Wichtel flitzt.

Hat es dahinten nicht geblitzt?

Was für ein Wetter ist das bloß?

Der Wichtel ist halt nicht so groß.

Drum hat er Müh voranzukommen,

ums Herz ist ihm schon ganz beklommen.

Da endlich sieht er jetzt sein Ziel,

Gewonnen hat er schon das Spiel.

Am Wichteltürchen rüttelt er.

Dahinter lauert wohl ein Bär,

der ihn die Tür nicht öffnen lässt.

Der Wichtel zieht jetzt wirklich fest.

Ich muss es nur noch mal probieren.

Dann wird das wohl funktionieren.

Rumms! Die Wichteltür gibt nach.

Endlich vorbei, das Ungemach.

Der Wichtel richtet sich drauf ein,

bis Weihnachten bei dir zu sein.

Dein Adventsgutschein

Gemeinsam ein Bild malen

Es macht Spaß, gemeinsam ein Bild zu malen. Am besten nimmt man ein großes Blatt aus dem Zeichenblock, einen Karton oder eine Leinwand und stellt viele bunte Farben bereit. Jeder darf abwechselnd malen, oder man legt gleichzeitig los. In meinem Arbeitszimmer hängt heute noch eine Leinwand, die mein damals 5jähriger Sohn und ich gemeinsam bemalt haben.

2. Dezember

Warme Pfötchen für die Maus

Die kleine Straßenmaus huschte um die Ecke. Sie drückte sich an die Hausmauer und schaute vorsichtig auf die Gasse. Gott sei Dank. Der große rote Kater war weit und breit nicht zu sehen.

Es war ein kalter Winterabend. Ein eisiger Wind wehte durch die Stadt und Schneeflocken fielen vom grauen Himmel. Auf winzig kleinen Pfötchen lief die Maus zur nächsten Straßenlaterne. Von dort fiel ein Lichtschein auf den Boden. Der sah warm aus und die kleine Straßenmaus hatte furchtbar kalte Pfoten.

Doch leider … der Boden unter dem Lichtschein war genauso kalt wie der Rest der Straße. Das Mäuschen zitterte und klagte: „Ach mir ist so kalt! Ich wünschte, ich könnte ein warmes Plätzchen finden."

Dann sah sie ein Schaufenster, das hell erleuchtet war. Das sah so warm und einladend aus! Schnell hüpfte die Maus in das Licht, das auf den Gehsteig fiel, um sich die Pfötchen zu wärmen.

Doch der Gehsteig war genauso nass und kalt wie die Straße. Das Mäuschen zitterte und klagte: „Ach mir ist so kalt! Ich wünschte, ich könnte ein warmes Plätzchen finden."

Die kleine Straßenmaus fühlte sich sehr einsam und traurig. Sie hätte so gern ein warmes Plätzchen gehabt, an dem sie sich aufwärmen und ausruhen konnte. Da sah sie plötzlich ein großes Haus, vor dem zwei Kastanienbäume standen. Die Bäume und das Haus waren festlich geschmückt. Überall hingen bunte Lichterketten. Hinter jedem Fenster leuchtete ein Lichterbogen. An der Haustür hing ein großer

Kranz aus Tannenzweigen. Der war mit goldenen und roten Kugeln geschmückt. Auf dem verschneiten Rasen vor dem Haus stand ein kleiner Weihnachtsmann. Seine Nase leuchtete so freundlich, dass der Maus ganz warm ums Herz wurde.

Sie schlich sich näher heran und kletterte auf ein Fensterbrett. Von hier aus konnte sie ins Haus hinein sehen. Drinnen sah sie ein Wohnzimmer, in dem drei Kinder spielten. Auch das Wohnzimmer war mit Tannenzweigen und Lichterketten geschmückt. Die Straßenmaus konnte ein helles Feuer erkennen, das in einem offenen Kamin brannte. Sehnsüchtig schaute das Mäuschen durchs Fenster. So warm und einladend sah es aus! Sie wünschte, sie könnte ihre Pfötchen dort am Kaminfeuer wärmen.

Nach einer Weile sprang das Mäuschen traurig vom Fensterbrett. Es zitterte und klagte: „Ach mir ist so kalt! Ich wünschte, ich könnte ein warmes Plätzchen wie dieses finden."

Da hörte es plötzlich eine feine Stimme: „In der Weihnachtszeit soll niemand frieren! Sei willkommen in meinem Heim!" Vor der Haustür stand eine braune Hausmaus. Sie trug eine weiße Haube auf dem Kopf und hatte eine bunte Schürze umgebunden. Die Hausmaus fasste das Straßenmäuschen am Pfötchen und zog es durch eine winzig kleine Tür in der Mauer ins Haus. Die Hausmaus huschte voraus und die Straßenmaus huschte hinterher.

Dann saßen sie in einem gemütlichen kleinen Mauseloch gleich neben dem Kamin. Die Hausmaus hatte Tee gekocht und Kekse gebacken. Schön warm war es hier. Und endlich hatte die kleine Straßenmaus keine kalten Pfötchen mehr!

Maus, Katze, Bär

Die Maus, die Katze und der Bär,
die liegen rum am schönen Meer.
Da fällt der Maus ein: Ach du Schreck!
Wir müssen ganz schnell von hier weg!
Fast hätte ich total vergessen,
es ist Zeit zum Kekse essen.
Zeit für Schnee und Kerzenschein,
Mensch, wir müssen ganz schnell heim.
Winter ist doch Weihnachtszeit
mit Geschenken weit und breit.
Nicht dass wir das noch verpassen,
hier an diesem Meer, dem nassen.
Der Bär, die Katze und die Maus
sausen wie der Blitz nach Haus!
Denn das ist so wunderfein,
Weihnachten bei uns daheim.

Dein Adventsgutschein

Eine Stunde lang kannst DU bestimmen.

Für Kinder gibt es nichts Schöneres, als einmal der „Chef“ zu sein. Eine Stunde lang „bestimmen“ zu können, stärkt das Selbstbewusstsein und gibt ihnen das Gefühl, wichtig zu sein.

3. Dezember

Es hat geschneit!

Lena lag im Bett und freute sich. Heute war Sonntag und sie musste nicht in die Schule. Sie beschloss, noch ein wenig liegen zu bleiben und in ihrem neuen Pferdebuch zu lesen. Da plötzlich brüllte Leon in seinem Zimmer nebenan: „Es hat geschneit!"

Lena warf ihr Buch beiseite, hüpfte aus dem Bett und rannte zum Fenster. Sie riss die Vorhänge auf und „Oh!", rief sie entzückt. Tatsächlich. Es hatte geschneit. Vor ihr lag der Garten, unter einer dicken, weißen Schneedecke. Hastig zog sie sich Hose, Pulli und Socken an und rannte aus dem Zimmer. Im Flur wäre sie beinahe mit Leon zusammengeprallt, der auch schon voll angezogen aus seinem Zimmer geschossen kam. Gemeinsam liefen sie die Treppe hinunter und brüllten: „Mama, Papa, es hat geschneit!"

Ihre Eltern saßen am Frühstücktisch und tranken Kaffee. Beide grinsten und Papa sagte: „Überraschung! Na, hab ich das nicht gut gemacht?" „DU hast es doch nicht schneien lassen! Das war der Winter!", riefen Lena und Leon lachend. Mama half den beiden, Skianzüge, Mützen, Handschuhe und Stiefel anzuziehen und dann machte sie die Tür zum Garten auf: „Heraus spaziert bitte! Hier ist das Winter-Wunder-Schnee-Land!"

Es war wirklich wunderschön. Der Schnee glitzerte in der Sonne und die Zaunpfähle hatten hübsche Schneehauben. Der Rasen lag unter einer weichen, weißen Decke. „Los Lena, wir machen Spuren!" Lena nickte und gleichzeitig machten sie den ersten Schritt in den Schnee.

„Wir machen ein Herz", sagte Lena und stapfte nach links. Leon nickte und stapfte nach rechts. Sie machten Spuren bis zum Zaun und dann liefen sie einen kleinen Bogen und stapften zur Mitte, bis sie beieinander standen.

„Papa, guck mal aus dem Fenster oben, ob du das Herz sehen kannst!", schrie Leon und sie warteten, bis Papa oben aus dem Fenster schaute und das „Daumen Hoch" Zeichen machte: „Ich sehe das Herz", rief Papa. „Passt gut auf, dass ihr es nicht kaputt stiefelt, wenn ihr im Garten spielt."

Lena und Leon nickten. „Wir bauen einen Schneemann im Herz und passen auf, dass wir das Herz nicht kaputt machen." Dann begannen sie, Schneekugeln für den Schneemann zu rollen. Doch plötzlich hörten sie lautes Gebell und zwei Hunde fegten um die Hausecke in den Garten.

„Oh nein! Wuzzi und Bertl! Sitz, Stop, Steh!“, brüllte Leon. Die Hunde kümmerte das gar kein bisschen. Sie tobten fröhlich durch den Schnee, kreuz und quer durch das Herz hindurch.

Lena fuchtelte mit den Armen, aber die Hunde hatten viel zu viel Spaß im frischen Pulverschnee. Jetzt kam Opa in den Garten und pfiff laut auf seinen Fingern. Wuzzi und Bertl rannten zu ihm hin und setzten sich mit heraushängender Zunge vor ihm in den Schnee. „Haben die beiden Racker euch geärgert?“, fragte er.

„Sie haben unser Herz kaputt gemacht“, antwortete Lena und dann grinste sie. „Aber jetzt kannst du uns beim Schneemann bauen helfen, wenn du schon mal da bist, Opa!“ Opa lachte und griff in den Schnee. „Mit einem Schneeball fängt es an“, sagte er fröhlich.

Es wurde ein sehr schöner, großer Schneemann. Und Wuzzi und Bertl haben auch mitgeholfen!

Der Weihnachtsmann fährt los!

Ich hab den Weihnachtsmann gesehen!

Mit roter Mütz' und weißem Bart.

An seinem Schlitten sah ich ihn stehen,

bereit zur nächtlichen Weihnachtsfahrt.

Er hat mich angegrinst, ganz freundlich.

Die Nase von der Kälte rot.

Gesehen hab ich ihn ganz deutlich,

in seiner ganzen Not.

Allein muss er Geschenke liefern,

geholfen hätte ich ihm gern.

Dann hörte ich sein Rentier wiehern:

Los geht's zu Kindern nah und fern.

Dein Adventsgutschein

Gemeinsam ein Gedicht lernen und aufsagen.

Je nach Alter des Kindes können sie ein Gedicht aussuchen und es gemeinsam auswendig lernen, ohne Druck und mit viel Freude am gemeinsamen Projekt. Und dann kann zum Beispiel die Oma überrascht werden, wenn Sie es gemeinsam aufsagen. Sie finden bestimmt ein geeignetes Gedicht in diesem Buch.

4. Dezember

Die goldene Nuss

Im Wald war es still. Nur ab und zu war ein leises Rascheln zu hören. Das waren die Eichhörnchen, die im Unterholz Nüsse suchten. Der kleine Friedel war das kleinste Eichhörnchen. Es war sein erster Winter und keiner war so eifrig wie er. Immer weiter entfernte er sich von seiner Mama, auf der Suche nach den schönsten Nüssen.

Plötzlich sah Friedel ein goldenes Glitzern im Moos. Er war ein sehr neugieriges Eichhörnchen und deswegen musste er wissen, was da so schön glitzerte. Aufgeregt hüpfte er hin und schob ein paar Blätter zur Seite. Friedel traute seinen Augen kaum: vor ihm lag eine goldene Nuss. Die schönste Nuss, die er je gesehen hatte. „Mama, Mama“, rief er laut. „Komm schnell her, ich habe die allerschönste Nuss gefunden!“

Das hörten auch die anderen Eichhörnchen und weil sie genauso neugierig waren wie Friedel, kamen sie alle angerannt. Alle wollte die schönste Nuss sehen. Stolz hob Friedel die goldene Nuss in die Höhe, so dass alle sie betrachten konnten.

„So eine Nuss habe ich noch nie gesehen“, sagte seine Mama. „Das hast du gut gemacht, Friedel. Aber ich frage mich, ob wir sie öffnen können.“

„Kein Problem!“, rief Friedel. Er hatte sehr spitze Zähne und die würde er jetzt einsetzen. Aber so sehr er auch knabberte und knabberte, die Nuss ließ sich nicht öffnen. Dann kam Papa. „Lass mich das machen, du bist wohl noch zu klein für so eine schöne Nuss.“ Und er knabberte und knabberte, aber die Nuss ließ sich nicht öffnen.

Der Rabe Mexfex hatte von seinem Baum aus zugeschaut und kam jetzt herab geflogen. „Mein spitzer Schnabel ist fester als eure Zähnchen“, sagte er selbstbewusst. Er hackte auf die goldene Nuss ein und hackte und hackte, aber die Nuss ließ sich nicht öffnen.

Da kam der Bär aus dem Unterholz und sagte mit donnernder Stimme: „Ich werde sie platt machen, keiner ist schwerer als ich. Und er stampfte auf die Nuss mit seinen großen Bärentatzen und stampfte und stampfte, aber die Nuss ließ sich nicht öffnen.

Da lag sie nun, die goldene Nuss. Schön anzusehen, aber niemand konnte sie essen. Traurig schaute Friedel auf seinen ganz besonderen Fund. Er hatte sich so gefreut, die allerschönste Nuss gefunden zu haben. Und jetzt war sie nutzlos. Da hatte er eine Idee. „Mama, ich weiß, wer die Nuss gebrauchen kann. Da ist doch dieses Häuschen im Wald, in dem die alte Dame wohnt, die immer so traurig ist. Die würde sich bestimmt freuen, wenn sie so eine schöne, goldene Nuss bekommt.“

Mama nickte liebevoll. „Das ist ein sehr schöner Einfall, Friedel. Die traurige Dame hat uns schon so viele Nüsse geschenkt, wenn der Winter lang und kalt ist. Jetzt können wir ihr auch einmal eine Freude machen.“

Und alle Eichhörnchen machten sich auf den Weg zum Häuschen im Wald. Friedel trug die goldene Nuss. Vor dem Häuschen legte er die Nuss auf die Fußmatte. Mama hüpfte aufs Fensterbrett und klopfte an die Scheibe. Die alte Dame öffnete die Tür, sah die goldene Nuss und die erwartungsvollen Eichhörnchen und hob die Nuss auf. In ihren Augen standen Tränen. „Danke“, flüsterte sie. „Das ist mein schönstes Weihnachtsgeschenk.“

Der träumende Uhu

Ein Uhu saß auf einem Baum

und machte leise ***huhu***.

Er träumte einen schönen Traum

und machte leise ***huhu***

Da kam die Fledermaus vorbei,

bedeckt von weißen Flocken.

Dem Uhu war das einerlei,

er ließ sich selten locken.

Die Fledermaus zog wieder ab,

sie suchte nach Gesellschaft.

Der Uhu wollt alleine sein,

er träumte von der Weihnacht.

So saß er weiter auf dem Ast,

und machte leise ***huhu***.

Er lächelte ein wenig fast

und machte leise ***huhu***.

Dein Adventsgutschein

Du kannst heute anziehen, was DU willst.

Viele Kinder haben Lieblingsklamotten oder verkleiden sich gern. Mit diesem Gutschein dürfen sie wirklich alles anziehen, was sie wollen. Sogar zwei unterschiedliche Socken oder das Faschingskostüm oder Papas Anzug.

5. Dezember

Eine ganz besondere Puppe

In der Elfenwerkstatt wurde fleißig gearbeitet. Alle Elfchen bastelten von früh bis spät, damit bis Weihnachten alle Geschenke fertig wurden. Jeder Elf hatte eine ganz bestimmte Aufgabe. Der eine schraubte Räder an die Spielzeugautos, ein anderer steckte Gleise für die Spielzeugeisenbahn zusammen, ein dritter nähte Puppenkleider. Der kleine Elf Erasmus war zuständig für die Puppenaugen.

Jede Puppe bekam von ihm entweder blaue, grüne oder braune Augen. Erasmus liebte seine Arbeit. Er schaute jede Puppe an und dann wählte er aus, welche Augenfarbe sie bekommen würde. Jetzt hatte er ein wunderschönes Püppchen mit blonden Haaren und einem blauen Kleidchen auf dem Schoß. Der kleine Elf nickte. Dieses Püppchen würde blaue Augen bekommen. Er griff in die Schachtel mit den blauen Augen und erschrak. Da war nur noch ein Auge! Er lief zum Schrank, in dem die Vorratsschachteln waren. Aber so sehr er auch suchte … es gab keine Schachtel mit blauen Augen mehr.

Erasmus seufzte. Dann müsste er dem Püppchen wohl grüne oder braune Augen geben. Aber er war nicht zufrieden. Er hatte nun einmal beschlossen, dass blaue Augen der Puppe am besten zu Gesichte standen. Traurig saß er da, mit der Puppe auf dem Schoß und überlegte. Das sah die Frau des Weihnachtsmanns, die in der Werkstatt nach dem Rechten sehen wollte. „Gibt's ein Problem, Erasmus", fragte sie liebevoll und setzte ihre Brille auf. Erasmus nickte. „Wir haben nur noch ein blaues Auge und ich würde diesem Püppchen so gern blaue Augen machen. Ich weiß nicht, was ich tun soll."

Frau Weihnachtsmann lächelte. „Wenn man etwas nicht hat, was man braucht, dann muss man erfinderisch werden". Sie nahm das Püppchen in die Hand. „Du hast recht, blaue Augen würden sehr gut zu dem blauen Kleid passen. Dann würde sie genau richtig aussehen."

Erasmus seufzte. „Aber leider haben wir keine blauen Augen mehr im Vorratsschrank und ich weiß nicht, wann die nächste Lieferung kommt. Das kleine Mädchen, das sich die Puppe gewünscht hat, ist sicher sehr enttäuscht, wenn sie sie nicht rechtzeitig zu Weihnachten bekommt." Der kleine Elf schüttelte mutlos den Kopf.

„Ich kenne das Mädchen, das sich die Puppe gewünscht hat“, sagte Frau Weihnachtsmann. Es ist ein ganz besonderes Mädchen und ich finde, sie hat eine ganz besondere Puppe verdient, meinst du nicht?“ Erasmus nickte eifrig mit dem Kopf.

„Und deswegen bekommt sie auch eine ganz besondere Puppe.“ Frau Weihnachtsmann nahm die Puppe und setzte ihr ein blaues und ein grünes Auge ein. „Jetzt ist sie eine ganz besondere Puppe für ein ganz besonderes Mädchen. Die einzige Puppe auf der ganzen Welt mit einem grünen und einem blauen Auge.“ Dann nahm Frau Weihnachtsmann eine grüne Schürze und band sie dem Püppchen um. Jetzt passen Kleidchen und Schürzchen zu den hübschen Augen“, sagte sie zufrieden.

Erasmus sah erstaunt auf das Püppchen und dann lächelte er von einem Elfenohr zum anderen. „Oh, das ist die schönste, „besonderste“, einzigartigste Puppe, die ich je gesehen habe. Es gibt sie nur einmal auf der Welt. Genau wie das Mädchen, das die Puppe bekommt.“ Und zufrieden legte das Elfchen die „allerbesonderste“ Puppe in den Sack für den Weihnachtsmann.

Das Kling Glöckchen

Kling Glöckchen, klingel ohne Rast

Klingel, weil das Klingeln gut zum Winter passt.

Kling Glöckchen, klingel durch die Nacht.

Klingel, weil das Klingeln Kindern Freude macht.

Kling Glöckchen, klingel morgen weiter.

Klingel, weil das Klingeling Weihnachten macht heiter.

Dein Adventsgutschein

Eine Woche, in der DU das Mittagessen aussuchen darfst.

Eine Woche darf das Kind bestimmen, was es zu Mittag essen möchte, auch wenn es jeden Tag Nudeln mit Tomatensauce gibt.

6. Dezember

Der verschlafene Nikolaus

Müde rieb sich der Nikolaus die Augen. Bald musste er den Kindern die Geschenke bringen und noch immer war sein Sack nicht vollgepackt. Nur noch ein bisschen entspannen, dachte sich der Nikolaus. Nur noch ein bisschen im Bett kuscheln. Nur noch ein bisschen die Augen ausruhen. Er gähnte ein paar Mal und schon war er wieder eingeschlafen. Im Traum murmelte er: „Von drauß' vom Walde komm ich her, ich muss euch sagen, es weihnachtet sehr …"

Vor dem Haus des Nikolaus versammelten sich seine Freunde. Der Hase, das Eichhörnchen, der Feldhamster, der Fuchs und das Wiesel. Sie schauten durchs Fenster ins Schlafzimmer, in dem der Nikolaus im Bett lag und laut schnarchte. Aufgeregt tuschelten sie miteinander. „Es wird Zeit", sagten sie. Und: „Der Sack ist noch nicht gepackt". Und: „Die Kinder warten doch schon". Der Hase klopfte mit einer Pfote auf den Waldboden und rief „Ruhe! Wir wecken ihn sonst noch auf und er ist doch so müde!" „Ja", zischelte das Wiesel. „Er hat so viel gearbeitet, um die Geschenke für die Kinder einzusammeln." „Jedes Jahr das gleiche", murmelte der Feldhamster. „Oweh, oweh, er wird zu spät kommen", jammerte das Eichhörnchen. Der Fuchs richtete sich zu seiner vollen Größe auf und flüsterte: „Da hilft nur eins!"

Erwartungsvoll sahen ihn der Hase, das Wiesel, das Eichhörnchen und der Feldhamster an. Sie waren gespannt, ob der schlaue Fuchs eine Idee hatte. Der rieb sich die Hände und schaute seine Freunde listig an. „Wir werden den Sack für den Nikolaus packen. So kann er noch ein wenig schlafen und wenn es Zeit wird, wecken wir ihn auf. Dann kann er losstapfen und den Kindern die Geschenke bringen." Alle fanden, dass das ein sehr guter Vorschlag sei und liefen los. Sie holten die Geschenke aus dem Schuppen, um sie in den Sack zu packen. Hin und her huschten der Hase, das Wiesel, das Eichhörnchen und der Feldhamster. Sie zogen und zerrten, hoben und schoben, packten und stopften.

Der Fuchs sah zu und rieb sich wieder die Hände. Er kam sich sehr schlau vor, weil alle mit anpackten und gar nicht bemerkten, dass er sich vor der Arbeit drückte. Viel lieber schlich er sich in die Küche des Nikolaus, um dort ein paar Kekse zu naschen. Als er sich satt gegessen hatte, lief er schnell in den Schuppen und packte ein paar Mandarinen in den Sack, der schon fast voll war.

Da wachte der Nikolaus auf und blinzelte verschlafen. Dann durchfuhr ihn ein Schreck! Der Sack musste doch noch gepackt werden! Er schoss aus dem Bett und durch die Tür nach draußen. Dort stand sein vollgepackter Sack. Und seine stolzen Freunde: der Hase, das Wiesel, das Eichhörnchen, der Feldhamster und der Fuchs.

„Sapperlott“, rief der Nikolaus. „Ihr seid wirklich gute Freunde! Dafür gibt es Kekse!“ Er lief in die Küche und staunte, weil die Keksdose nur noch halb voll war. „Nanu“, dachte er, “gibt es hier etwa einen Keksedieb?“ Er ging hinaus zu seinen Freunden und betrachtete sie. Da entdeckte er die Krümel, die der Fuchs in seinem Pelz hatte. Der Nikolaus schmunzelte. „Hier sind Kekse für den Hasen, das Wiesel, das Eichhörnchen und den Feldhamster. Und Nüsse und Mandarinen hab ich auch für euch, weil ihr so fleißig wart.“ Dann schaute er den Fuchs an: „Du bist ja schon satt, nicht wahr?“ Der Fuchs wurde so rot wie sein Pelz und schaute verlegen auf den Waldboden.

Der Nikolaus aber packte seinen Sack, stapfte los und übte seinen Spruch: „Von drauß’ vom Walde komm ich her, ich muss euch sagen, es weihnachtet sehr.“

Die Kekse-Fee

Es duftet hier so wunderbar,
ich glaub die Kekse-Fee war da!
Die Näschen schnuppern in die Luft,
nach diesem wohlbekannten Duft.
Es riecht nach Schoko und Vanille,
die Oma putzt schnell ihre Brille.
Opa erwacht auf seinem Sofa,
die Tante kommt auf ihrem Mofa.
Der Onkel klingelt an der Tür,
und Mama ruft, ich bin schon hier!
Die Kekse-Fee klatscht in die Hände,
der Duft durchdringt schnell alle Wände.
Die Nachbarn klopfen an die Fenster,
die Kekse locken gar Gespenster.
Und alle freuen sich aufs Naschen,
Habt die Hände ihr gewaschen?
Fragt die Kekse-Fee ganz streng.
In der Küche wird es eng.
Nächstes Jahr back ich noch mehr,
denn gleich ist das Backblech leer.
Denkt die Kekse-Fee sich still.
Weil jeder ihre Kekse will.

Dein Adventsgutschein

Gemeinsam Plätzchen backen

Selbst wenn man kein großartiger Bäcker ist, ein einfaches Plätzchenrezept und Ausstechformen genügen. Gemeinsam mit Mehl hantieren, den Teig ausrollen, die Kekse ausstechen, in den Backofen schieben und dann kosten, kann zu einer wunderschönen Adventstradition werden.

Minzimaus sucht den Weihnachtsstern

Die kleine Katze Minzimaus schaute zu den Sternen hoch. So viele Sterne! Sie schnurrte leise und leckte sich das Pfötchen. Daran klebte noch ein wenig Sahne, die sie aus der Küche stibitzt hatte. Dort am Küchentisch hatte Oma gesessen und den Kindern vorgelesen. An jedem Abend in der Adventszeit saß sie dort bei Kerzenschein und las ihren Enkeln vor. Minzimaus lag dann auf ihrem Schoß und hörte auch zu.

Bei der heutigen Geschichte war es um den Weihnachtsstern gegangen. Der Weihnachtsstern war ein Stern, der besonders groß war und einen Schweif hatte. Nachdenklich sah Minzimaus auf ihr Schwänzchen. Ob der Schweif wohl so ähnlich aussah? Sie sprang vom Zaun in den Schnee. Der war nass und kalt und Minzimaus schüttelte ihre Tatzen bei jedem Schritt. Brrrrr.

Sie hatte einen Entschluss gefasst: sie wollte den Weihnachtsstern suchen. Eifrig stapfte sie durch den Schnee und schaute dabei in den Himmel. Aber es ist nicht klug, in die Luft zu gucken, wenn man in die Welt hinaus marschiert. Dann sieht man nämlich nicht, wohin man tritt. Und das ging auch Minzimaus so. Erst stolperte sie über einen Stein, dann prallte sie gegen einen Baum und dann fiel sie in ein Loch, das der Hund gegraben hatte. Sie krabbelte heraus und schaute dann wieder in den Himmel. So viele Sterne! Und einer sah aus wie der andere.

Den Weihnachtsstern aber hatte sie noch immer nicht gefunden.

Da landete ein Rabe neben ihr, der sie vorwurfsvoll mit seinen schwarzen Knopfaugen anstarrte. „Was macht denn ein kleines Kätzchen wie du hier draußen in der Dunkelheit und Kälte?“, fragte er.

„Ich suche den Weihnachtsstern“, antwortete Minzimaus. „Er ist groß und hat einen langen Schweif. Aber so viel ich auch in den Himmel schaue, ich kann ihn nicht finden!“

Der Rabe neigte den Kopf und fragte: „Einem Weihnachtsstern muss man folgen, soweit ich weiß. Würdest du ihm denn folgen wollen, auch wenn du dann von zuhause weg müsstest?“

Minzimaus erschrak. „Nein, von zuhause will ich auf gar keinen Fall weg! Zuhause ist es warm und gemütlich, es gibt Sahne in der Küche und Oma, die vorliest!“

Der Rabe nickte. „Dann würde ich vorschlagen, dass du den Weihnachtsstern zuhause suchst. Ich bin sicher, du findest einen." Und mit einem zufriedenen Krächzen flog der Rabe in den Kirschbaum.

Minzimaus schüttelte ihre Pfötchen und stapfte durch den Schnee zurück zum Haus. Diesmal blickte sie nicht in den Himmel, sondern sie schaute auf das Küchenfenster, das hell erleuchtet war. Und als sie so durch Dunkelheit und Kälte lief, sah sie den Weihnachtsstern!

Er klebte am Küchenfenster. Oma hatte ihn aus Goldpapier ausgeschnitten und darunter stand in Goldbuchstaben: „Eine frohe Adventszeit wünsch ich dir". Minzimaus lief schneller und sie freute sich sehr. Sie hatte den Weihnachtsstern dort gefunden, wo sie am liebsten war. Zuhause bei Oma in der Küche.

Der verschwundene Weihnachtsbaum

Wer hat den Weihnachtsbaum gesehen?

Grad war er da, er war so schön.

Jetzt ist der Weihnachtsbaum verschwunden.

Mit all den Kugeln, diesen bunten.

Mit all den Kerzenlichterlein,

mit all dem Schokoschmuck, so fein.

Wer hat den Weihnachtsbaum geklaut?

Wer hat sich das denn wohl getraut?

War es der Heiner oder Rainer,

oder doch der Hund vom Schreiner?

War es Liese oder Lotte,

oder doch die Riesenmotte?

Der Papa ruft die Polizei,

der Katz ist es ganz einerlei.

Sie hat die Sahne dort entdeckt,

wo Mama sie zuvor versteckt.

Da sitzt die Katze jetzt und schnurrt,

wahrscheinlich war der Dieb der Kurt.

Dein Adventsgutschein

Ein Sonntag lang Huckepack

Mama oder Papa spielen einen ganzen Sonntag lang Huckepack. Sie tragen ihr Kind im Haus auf dem Rücken überall hin, wohin es will. Wenn es dafür schon zu groß ist, dann kann man den Gutschein zum „Pferdchen-Spiel“ abwandeln. Dabei spielen Papa oder Mama das Pferdchen, das die Kutsche zieht. Das geht ganz einfach mit einem Seil oder einer Schnur, die man sich um die Taille legt und das Kind hält die „Zügel“.

8. Dezember

Die beleidigte Wichteltür

Große Aufregung herrschte in der Wichteltüren-Werkstatt. Heute sollte der Weihnachtsmann kommen, um die neuen Wichteltüren zu betrachten. Dazu musst du wissen, dass diese ganz besonderen Türchen für die Wichtel sehr wichtig waren. Schließlich sollten die Haus-Wichtel bis Weihnachten dahinter wohnen und die Kinder sollten sich über ihren Anblick freuen.

Jedes einzelne Türchen war auf ganz eigene Art und Weise geschmückt. Manche waren rot, manche blau, manche grün. An manchen hing ein Kranz aus Tannenzweigen, an manchen leuchteten Sterne, an manchen klebten Wichtel-mützen. Vor manchen stand ein Weihnachtsbaum, vor manchen parkte ein Schlitten, vor manchen lehnte eine Leiter an der Wand.

Bevor sie in den Häusern der Kinder erschienen, wurden sie noch einmal ganz genau begutachtet. Der Weihnachtmann persönlich kontrollierte jedes einzelne Wichteltürchen und war immer stolz auf die gute Arbeit seiner Weihnachtswichtel.

In diesem Jahr waren die Türen besonders hübsch geworden. Das fanden alle Wichtel. Nur eine Tür war insgeheim unzufrieden mit ihrem Aussehen. Sie fand, mir ihr hätte man sich mehr Mühe geben sollen. Ja, auch Wichteltüren können unzufrieden mit sich sein.

Sie betrachtete all ihre hübschen Nachbarn. Die blauen, die roten, die grünen, die goldenen Türchen. Alle hatten kleine Guckfenster und Laternen. Sie waren mit Sternen, Kränzen und Zuckerstangen geschmückt. Und dann schaute sie an sich herunter. Sie war weiß. Einfach weiß. Die Wichteltür fand das langweilig. An ihr klebten viele goldene Sterne und ihre Türklinke hatte die Form eines Tannenzapfens. Die Klinke war auch golden. Vor ihr war Plastikschnee gestreut und darin sah man Fußspuren. Die Wichteltür fand das einfallslos. Ja, auch Wichteltüren können sehr unzufrieden sein.

Dabei hielt sie sich insgeheim für etwas Besonderes. Schließlich war sie aus feinstem Holz geschnitzt. Da hätte man sich schon etwas mehr anstrengen können, um sie zu schmücken. Ein langweiliges Weiß und Gold hatte sie einfach nicht verdient, fand sie. Ja, auch Wichteltüren können beleidigt sein.

In diesem Augenblick betrat der Weihnachtsmann die Wichtelwerkstatt. Wohlgefällig sah er sich um. Er schritt an den Reihen der Wichteltürchen entlang und lobte hier ein rotes, dort ein grünes Türchen. Endlich kam er auch zur beleidigten Wichteltür. Er blieb stehen und stemmte die Hände in die Hüften.

„Potzblitz! Das ist ja mal ein besonders gelungenes Wichteltürchen." Er beugte sich vor, damit er die Fußspuren im Schnee genauer betrachten konnte. „Meine lieben Wichtel, das ist eine sehr schöne Idee! Das Kind, zu dem dieses Türchen ins Haus kommt, wird seine Freude damit haben!" Der Weihnachtsmann klatschte Beifall und alle Wichtel klatschten mit.

Die beleidigte Wichteltür aber traute ihren Ohren kaum. Ringsum sie her hörte sie die anderen Wichteltürchen wohlwollend flüstern. Alle freuten sich für sie. Da war die unzufriedene Wichteltür gar nicht mehr unzufrieden. Sie war sehr froh. Und sie schämte sich ein bisschen, weil sie so unzufrieden gewesen war. Sie streckte sich stolz und schaute auf die Stiefelspuren vor ihr im Schnee. „Wirklich eine gute Idee", dachte sie bei sich.

Der Schneemann hat Pech

Dem Schneemann wurde es zu blöd,
hier rumzustehen ist doch öd.
Das dachte sich das Schneemännlein
und starrte in den Sonnenschein.
Ich sollte laufen, gehen, wandern,
sollt finden irgendeinen andern.
Vielleicht ein kleines Schneefräulein,
das wäre doch so richtig fein.
Wie er so in der Sonne stand
und schaute hin zum Wiesenrand,
begann sein Bauch zu schmelzen.
Jetzt wurd's ihm klar, er war aus Schnee,
vergehen musste er „O weh!"
Da war ihm nicht zu helfen.

Dein Adventsgutschein

Du darfst eine Woche lang bestimmen, was wir im Auto anhören

Die Lieblingsmusik oder das Lieblings-Hörbuch … eine Woche lang führt Ihr Kind im Auto die Regie.

9. Dezember

Der kitzlige Hampelmann

Leni freute sich aufs Einschlafen. Sie nahm ihren weichen Woll-Hampelmann Nocki fest in die Arme und kuschelte sich unter die Decke. Sie nahm sich vor, einen schönen Traum zu träumen. Mama hatte ihr vorhin erzählt, dass in der magischen Weihnachtsnacht alle Tiere sprechen können. Nur in dieser Nacht. Und manche Menschen könnten sie hören. Leni fand das wundervoll und sie würde so gern von sprechenden Tieren träumen. Noch 16 Mal schlafen bis Weihnachten, hatte Mama gesagt. Sie gähnte und gab ihrem Hampelmann ein Küsschen. Dann schlief sie ein.

Sie wurde wach, weil sie ein Kichern hörte. Leni blinzelte verwirrt. Was war das? Wer kicherte denn da? Da hörte sie es wieder … ganz nah. Der Mond schien in ihr Zimmer und neben ihr auf dem Kissen lag ihr Hampelmann. Ob der wohl gekichert hatte? Sie setzte sich auf und beugte sich über ihn. Da! Nocki zappelte und lachte. „Deine Haare kitzeln mich!" Leni erschrak und strich sich die Haare hinter die Ohren. „Entschuldige Nocki! Ich wusste gar nicht, dass du kitzlig bist!"

Dann wurde sie ganz still. Hatte sie eben wirklich gerade mit Nocki gesprochen? Das war doch gar nicht möglich, oder? Woll-Hampelmänner konnten doch nicht sprechen! „Oh, ich bin sehr kitzlig", kicherte Nocki. „Aber bisher hast du es noch nie bemerkt. Wie schön, dass du mich jetzt hören kannst!"

Leni dachte nach. Es musste wohl schon Weihnachten sein. Die magische Nacht, in der Tiere plötzlich sprechen können. Mama hatte wahrscheinlich vergessen zu erzählen, dass auch Spielzeuge in dieser Nacht lebendig werden. Das musste es sein. Es war die Weihnachtsnacht und deswegen konnte Nocki lebendig werden und sprechen!

Wie wundervoll! Leni kitzelte Nocki vorsichtig am Bauch. Er zappelte wieder und lachte laut. „Nicht am Bauch, da bin ich besonders kitzlig!“ Er setzte sich auf. „Und ich tanze gern! Wollen wir tanzen?“

Das ließ Leni sich nicht zweimal sagen. Sie hüpfte aus dem Bett und ihr Hampelmann hüpfte hinterher. Und dann tanzten sie! Sie zappelten und wackelten, hüpften und sprangen, drehten sich und ließen sich dann auf den Boden fallen. Dort lagen sie dann und schauten sich an. „Ich bin so froh, dass ich dich habe“, flüsterte Leni. Und Nocki nickte und grinste und dann machte er die Augen zu.

Auch Leni war müde und schloss die Augen. Was für eine wunderbare Weihnachtsnacht.

Am nächsten Morgen wurde Leni wach, weil Mama an ihrem Bett saß und ihr einen Kuss auf die Stirn gab. „Zeit zum Aufstehen, Leni-Schatz", sagte sie leise. Leni schlug die Augen auf und wunderte sich. Da lag sie in ihrem Bett, aber eigentlich war sie doch mit Nocki auf dem Boden eingeschlafen. Sie drehte den Kopf. Da auf dem Kissen lag ihr Hampelmann. Still und stumm. So wie immer. Sie kitzelte ihn am Bauch, aber er regte sich nicht. Die Weihnachtsnacht war vorüber gegangen. Wie seltsam, dass sie sich nicht an den Weihnachtsabend erinnern konnte!

„Hast du was Schönes geträumt, Leni-Schatz? Noch 15 Mal schlafen. Dann ist Weihnachten", rief Mama fröhlich. Leni nickte. „Ja, ich hab was Wunderschönes geträumt, Mama. Ich erzähle es dir beim Frühstück." Und dann sprang sie aus dem Bett.

Der schöne Schnee

Von Himmel hoch, da komm ich her.

Ich muss euch sagen, es schneit ziemlich sehr!

Dicke Flocken von überall,

sie schneien und schneien im langsamen Fall.

Sie fallen auf Bäume und Häuser und Straßen,

sie fallen auf Köpfe und Schultern und Nasen.

Sie fallen auf Hunde und Katzen und Mäuse,

sie fallen auf Hasen und Hirsche und Läuse.

Vom Himmel hoch, da kann ich euch sagen,

die Flocken, die weißen, sie fallen seit Tagen.

Schnell, zieht Schals und Handschuhe an,

Mützen und Stiefel und Jacken.

Jetzt ist endlich der Winter dran,

und ihr kriegt rote Backen.

Dein Adventsgutschein

Gemeinsam Verkleiden spielen

Verkleiden spielen ist für viele Kinder ein Riesenspaß, vor allem, wenn die Eltern mitmachen. Dazu genügt es, wenn man alte Vorhänge, Hüte, Faschingsperücken, Decken, Laken und den Weihnachtsschmuck zur Verfügung stellt.

10. Dezember

Eisbär Emil will Weihnachten

Der kleine Eisbär Emil spielte Fangen mit seinem Freund, dem Polarfuchs Pauli. Sie jagten einander durch den Schnee, bis sie müde wurden. Dann kuschelten sie sich aneinander und verschnauften. Es war schon dunkel geworden und sie mussten bald nach Hause. Beide schauten in den Sternenhimmel. „Bald ist Weihnachten“, sagte Pauli.

Emil schaute ihn überrascht an. „Was ist Weihnachten?“ Der kleine Polarfuchs plusterte sein Fell auf, so dass er aussah wie ein Schneeball mit Augen und Ohren. „Weihnachten ist ein Fest, das die Menschen feiern. Meine Oma hat mir davon erzählt. Sie hat es von einem Polarforscher gehört, den sie vor vielen Jahren belauscht hat.“ Pauli machte sein „wichtiges“ Gesicht. Er mochte es, wenn er mehr wusste als Emil.

„Und was macht man an Weihnachten?“ Der kleine Eisbär war neugierig geworden.

„Meine Oma hat gesagt, dass die Menschen einen Baum in ihrer Wohnhöhle aufstellen. Den schmücken sie dann. Und unter dem Baum liegen Geschenke. Und dann singen alle.“

„Oh, das will ich auch!“ Emil hopste aufgeregt auf und ab. „Lass uns Weihnachten feiern!“

„Aber wir haben keinen Baum.“ Pauli deutete auf die weiße Schneelandschaft, in der nichts wuchs. „Und Geschenke haben wir auch nicht. Und ich kenne auch keine Lieder. Das wird nichts.“

Emil stampfte mit der Tatze auf. „Ich will aber! Mir wird schon was einfallen." Und dann gingen Polarfuchs und Eisbär nach Hause.

Am nächsten Tag trafen sie sich am Wasser. Emil und Pauli wollten versuchen, einen Fisch zu fangen. Sie spähten zwischen den Eisschollen ins Wasser. Da plötzlich trieb ein seltsames Gebilde unter dem Eis vorbei. Emil schaute genauer hin. Das musste ein Baum sein! „Pauli, da schwimmt ein Baum!" Tatsächlich. Ein Zweig ragte aus dem Wasser und die beiden Freunde packten zu. Gemeinsam zogen sie den Baum an Land. Sehr groß war er nicht und Blätter oder Nadeln hatte er auch keine. Aber es war ein Baum. Emil und Pauli steckten ihn aufrecht in den Schnee und betrachteten ihn

„Jetzt brauchen wir noch Schmuck!" Emil sah sich suchend um. „Wir können ja kleine Schneebälle machen und sie in an die Zweige stecken", rief Pauli aufgeregt. Und genau das machten sie. Jetzt brauchten sie noch Geschenke. Beide liefen los.

Emil brachte ein leeres Pinguin-Ei und Pauli eine Gänsefeder. Beides legten sie unter den Baum.

„Und jetzt müssen wir singen!“ Pauli holte tief Luft und dann sah er fragend zu Emil. „Was sollen wir denn singen?“

„Ganz einfach.“ Emil strahlte. „Wir singen Weihnachten!“ Und gemeinsam schmetterten sie los: „Weihnachten, Weihnachten, Wei-ei-eihnachten, Weihnachten, Weihnachten, Wei-eih-nachten.“

Und so hatte der kleine Eisbär sein Weihnachten bekommen und das machte ihn sehr glücklich.

Die fleißigen Wichtel

Am Weihnachtsbäumlein die Lichter leuchten,

die Wichtel alle furchtbar keuchten.

Die Arbeit haben sie geschafft

und alle Lichtlein angebracht.

Am Baum.

Die Kinder schauen mit großen Augen,

auf die Geschenke, die sie brauchen.

So lange haben sie gehofft

und an die Türen leis geklopft.

Ein Traum.

Wichtelmännchen, Wichtelfrauchen

schauen glücklich in das Licht.

Bevor sie wieder untertauchen,

sehen soll man sie ja nicht.

Im Raum.

Dein Adventsgutschein

Der Stille lauschen

Weihnachten ist die stille Zeit. Wir machen alle Geräusche im Haus aus und alle Lichter, kuscheln miteinander und lauschen der Stille. Flüstern ist erlaubt, denn meist wollen Kinder etwas sagen. Flüstern ist still, aber spannend.

11. Dezember

Wir haben den Weihnachtsmann erwischt!

Nina und Jakob beugten sich über das große Weihnachtsbuch. „Guck mal, so sieht der Weihnachtsmann aus.“ Nina deutete auf die bunte Abbildung. Ihr kleiner Bruder Jakob schaute genau hin. „Man erkennt den Weihnachtsmann an seiner roten Mütze, seinem roten Mantel, seinem weißen Bart und seinen schwarzen Stiefeln“, erklärte Nina. „Außerdem hat er einen dicken Bauch.“

„Kommt der Weihnachtsmann dieses Jahr zu uns?“ Jakob sah seine Schwester fragend an. „Ja, er rutscht in der Nacht durch den Schornstein auf dem Dach und landet im Wohnzimmer. Dann lässt er seine Geschenke da und verschwindet wieder.“

„Und wie kommt er aufs Dach?“ Jakob wollte immer alles ganz genau wissen. „Er hat einen fliegenden Schlitten, der von fliegenden Rentieren gezogen wird.“ Nina klappte das Weihnachtsbuch zu.

„Ich würde den Weihnachtsmann gern einmal sehen“, sagte Jakob. „Wir könnten doch in der Nacht vor Weihnachten aufbleiben und ihn erwischen!“

„Das ist eine sehr gute Idee!“ Nina klopfte ihrem Bruder begeistert auf die Schulter. „Wir können uns hinter dem Sofa verstecken. Wenn er dann kommt und die Geschenke unter den Weihnachtsbaum legt, dann springen wir hervor und dann …“ Was dann war, konnte sich Nina nicht so recht vorstellen, aber ihnen würde schon etwas einfallen. Hauptsache, sie würden den Weihnachtsmann sehen.

In der Nacht vor dem Weihnachtstag warteten die beiden, bis alles ruhig war im Haus. Sie hatten Mühe, wach zu bleiben und setzten sich auf den Boden vor ihren

Betten, damit sie nicht doch noch einschliefen. Schließlich war es soweit. Es war still im Haus, Mama und Papa lagen in ihren Betten. Nina und Jakob schlichen vorsichtig ins Wohnzimmer, in dem schon der Weihnachtsbaum stand. Mama hatte ihn wunderschön geschmückt und mit Kunstschnee bestäubt. Sogar um den Weihnachtsbaum herum hatte sie den künstlichen Schnee ausgestreut.

Nina holte zwei Kissen und legte sie hinters Sofa. So hatten sie es ein bisschen gemütlicher beim Warten. Es war dunkel und warm im Wohnzimmer. Jakob kuschelte sich in das Kissen und beide lauschten. Sie wollten den Weihnachtsmann auf gar keinen Fall verpassen.

Sie wachten auf, weil die Sonne ihnen ins Gesicht schien. Erschreckt fuhr Nina hoch und rüttelte Jakob an der Schulter. „Wir sind eingeschlafen! So ein Mist, jetzt haben wir den Weihnachtsmann verpasst!"

Sie kamen hinter dem Sofa hervor und schauten auf den Weihnachtsbaum. Darunter lagen lauter bunt verpackte Geschenke.

Der Weihnachtsmann war da und wir haben geschlafen.“ Jakob hatte Tränen in den Augen. Alle Mühe war umsonst gewesen. Doch da fiel sein Blick auf den Kunstschnee vor dem Christbaum. Da waren Spuren! Spuren von großen Füßen. „Nina, der Weihnachtsmann war da, schau nur!“ Beide starrten auf die Fußspuren im Schnee und dann schauten sie einander an.

„Jetzt haben wir ihn doch erwischt“, jubelte Nina. „Die Spuren sind der Beweis. Er war wirklich da.“ Und dann rannten sie los, um Mama und Papa zu wecken.

Ganz heimlich

Wer schleicht denn da im Haus herum?

Er atmet schwer, er geht ganz krumm.

Wer trägt da Schachteln, Dosen, Kisten?

Er keucht und schnauft statt rumzusitzen.

Wer huscht da eilig aus dem Haus?

Er huscht so schnell wie eine Maus.

Es muss der Weihnachtsmann wohl sein.

Den lassen wir ja gerne rein.

Doch war er's nicht, dann mach ich mir jetzt Sorgen.

Dann wollte sich wohl irgendwer Geschenke von uns borgen.

Gemeinsam einen Film anschauen, den DU aussuchen darfst

Natürlich einen altersgerechten Film, den Sie für passend halten.

12. Dezember

Der wuselige Weihnachtself

Ebbi stolperte über die Türschwelle in die Weihnachtswerkstatt. Dabei prallte er gegen einen anderen Weihnachtself, der deswegen mit der Nase an die Wand stieß. Der Oberelf warf Ebbi einen strengen Blick zu. „Das fängt ja gut an. Sei doch nicht immer so ungeschickt!"

Ebbi ließ den Kopf hängen und dabei bemerkte er, dass er seinen Schuh beim Stolpern verloren hatte. Er zog ihn schnell wieder an und seufzte. Dann lief er zu seinem Platz an der Werkbank. Er war heute zum Bemalen der Bauklötze eingeteilt. Der kleine Elf griff zum Pinsel und überlegte, mit welcher Farbe er anfangen sollte. Blau, Rot, Grün oder Gelb?

Ebbi tauchte den Pinsel in die rote Farbe und griff sich einen Bauklotz. Aber aus Versehen fasste er in die Kiste mit den Bausteinen, die schon bemalt waren. Er erwischte einen gelben und bepinselte ihn mit roter Farbe. Als er seinen Fehler bemerkte, erschreckte er sich so sehr, dass er den Topf mit der blauen Farbe umwarf. Die Farbe ergoss sich über die Kiste mit den roten Bauklötzen und der kleine Elf sprang entsetzt von seinem Hocker auf.

Und da tauchte auch schon der Oberelf auf. Er hatte ein ganz rotes Gesicht, so zornig war er. „Du bist aber auch zu gar nichts zu gebrauchen!" Ebbi zog den Kopf zwischen die Schultern und murmelte leise: „Entschuldigung, ich bin heute ganz wuselig."

„Du bist IMMER wuselig! Geh da hinüber zum Fließband für die Hüte und Mützen. Da musst du nur Knöpfe drücken, das kannst du ja hoffentlich. Ebbi nickte und huschte eilig zum Figuren-Hüte-Fließband. Dort wurden Feuerwehrfiguren, Polizeifiguren, Cowboyfiguren, Pilotenfiguren und noch viele mehr produziert. Für jeden Hut und jede Mütze gab es einen eigenen Knopf.

Am Anfang klappte alles ganz gut, aber dann wurde Ebbi abgelenkt. Die Weihnachtsfee war in die Werkstatt gekommen, um den Elfen Tee und Kekse zu bringen. Sie war so schön und freundlich, dass Ebbi gar nicht aufhören konnte, sie anzuschauen. Er zuckte zusammen, als der Oberelf in sein Ohr brüllte: „Was soll das?“ Und er deutete auf die Figuren, die Ebbi schon fertig hatte. Da waren ein Cowboy mit einem Polizeihelm, ein Pilot mit einem Gartenhut und ein Astronaut mit einer Prinzessinnenkrone.

Ebbi stiegen die Tränen in die Augen. Wieder hatte er alles falsch gemacht. Wenn er doch nur nicht immer so wuselig wäre! In diesem Augenblick legte ihm jemand die Hand auf die Schulter und sagte tröstend: „Alles halb so schlimm, nicht wahr?“ Ebbi schaute auf und da stand die Weihnachtsfee und lächelte ihn freundlich an.

„Ich bin immer so wuselig“, flüsterte Ebbi schüchtern. „Es tut mir so leid!“

„Gegen Wuseligkeit weiß ich ein Mittel“, schmunzelte die Weihnachtsfee. Und sie nahm Ebbi an der Hand und führte ihn zum Sofa. Dort musste er sich hinsetzen und die Fee nahm neben ihm Platz. „Jetzt singen wir zusammen ein paar Weihnachtslieder, damit den Elfen die Arbeit leichter von der Hand geht. Das entwuselt dich und mich freut es, wenn du mit mir singst.“

Und so sangen Ebbi und die Weihnachtsfee die schönsten Weihnachtslieder gemeinsam für die fleißigen Elfen. Sogar der Oberelf summte ein wenig mit.

Ein Englein im Kinderzimmer

Ein Englein flog ins Kinderzimmer.
Das glaubst du mir nie und nimmer.
Es setzte sich auf deinen Stuhl,
wahrscheinlich fand es das ganz cool.
Es legte sich ins Bettchen rein,
mal auszuruhen fand es fein.
Es kuschelte sich in dein Kissen,
du wirst das Kissen nicht vermissen.
Dann schlief es bis um Mitternacht,
und hat uns Weihnachtsfreud gebracht.
Das Englein ganz zufrieden war,
mit sich, mit dir … ganz wunderbar!

Dein Adventsgutschein

Buntes Badewasser

Einfach grobes Meersalz in eine Schüssel geben und mit Lebensmittelfarbe vermengen. Dann kann das Kind sein Badewasser selbst einfärben. Man kann auch mehrere Schüsselchen mit unterschiedlichen Farben anbieten. Dann werden Zaubertränke im Badewasser gemischt.

13. Dezember

Der König, der Weihnachten nicht leiden konnte

Alle im Königreich freuten sich auf Weihnachten. Alle freuten sich auf die Geschenke, auf die Feiern und die weihnachtlichen Lieder. Alle freuten sich auf die schönste Zeit im Jahr. Alle, bis auf einen. Der König freute sich gar nicht. Er konnte Weihnachten nicht leiden.

Mit finsterer Miene ging er durch sein Schloss und pustete alle Kerzen aus, die er finden konnte. Wenn er jemanden dabei erwischte, wie er ein Weihnachtslied vor sich hin summte, dann schickte er ihn aus dem Zimmer. Und wenn ihm jemand eine „frohe Weihnachtszeit“ wünschte, dann wurde er so wütend, dass ihm der königliche Kragen platzte.

So kam es, dass seine Untertanen nur noch heimlich Kerzen anzündeten, heimlich Weihnachtslieder sangen und einander heimlich eine frohe Weihnachtszeit wünschten. Und sie waren ein wenig traurig, dass der König, der Weihnachten nicht leiden konnte, ihnen die Freude an diesem schönsten Fest im Jahr verdarb.

Das kam einem kleinen Weihnachtsengel zu Ohren, der es gar nicht mochte, wenn die Leute sich nicht auf Weihnachten freuten. Er beschloss also, dem König einen Besuch abzustatten. Leise flatterte er in der Nacht in das königliche Schlafzimmer und ließ sich auf dem Stuhl neben dem Bett nieder. Dann pustete er dem schlafenden König so lange ins Gesicht, bis der aufwachte. „Ich bin ein Weihnachtsengel und ich bin hier, weil ich gehört habe, dass du Weihnachten nicht leiden kannst.“

Der König rappelte sich verwirrt auf und starrte auf den kleinen Weihnachtsengel, der ihn so streng anschaute. „Was geht dich das an, ob ich Weihnachten leiden kann oder nicht?"

„Das geht mich sehr wohl was an! Ich bin hier, um Freude auf die Erde zu bringen. Dafür ist Weihnachten nun mal da. Jetzt sag mir, was mit dir los ist und warum du keine Freude auf Erden willst."

Der König seufzte. „Es ist nur … ich habe ja niemanden, mit dem ich Weihnachten feiern kann. Keine Königin, keine Königskinder. Und meine ganzen Verwandten sitzen in ihren eigenen Schlössern und feiern mit ihren Familien."

Der Weihnachtsengel schaute jetzt sehr liebevoll auf den König. „Ich verstehe. Mach dir keine Sorgen. Du wirst Weihnachten nicht alleine sein. Am besten kaufst du schon mal viele Geschenke und sagst deinen Dienern, dass sie den größten Weihnachtsbaum im Schloss aufstellen sollen, den sie finden können." Damit flatterte er aus dem Fenster und der König schaute ihm verdutzt nach. Ein wenig Hoffnung hatte sich in sein Herz geschlichen.

Endlich war Weihnachten. Der König stand neben dem riesigen Weihnachtsbaum, den seine Diener wunderschön geschmückt hatten. Gespannt wartete er, was jetzt wohl geschehen würde. Und da öffnete sich das Schlosstor und herein strömten die Kinder des Dorfes.

Sie wünschten dem König „Frohe Weihnachten", sangen die schönsten Weihnachtslieder und jedes hatte ein Kerzlein dabei. Da wurde es dem König ganz warm ums Herz und eine kleine Freudenträne lief seine Wange hinunter. Und dann fing er an, die Geschenke zu verteilen. So ein schönes Weihnachtsfest hatte er noch nie erlebt. Und die Kinder auch nicht.

Frau Weihnachtsmann

Frau Weihnachtsmann ist sehr besorgt,

ihr Mann hat sich ein Pferd geborgt.

Was will er mit dem Pferd wohl machen?

Frau Weihnachtsmann ist nicht zum Lachen.

Die Rentiere am Schlitten warten,

sie wollen in den Himmel starten.

Denn schließlich hoffen alle schon,

auf die Geschenke für den Sohn,

die Tochter, Enkel, Enkelin.

So viel ist in den Säcken drin,

die auf dem Schlitten liegen.

Die sollen dann die Kinder kriegen.

Da kommt der Weihnachtmann geritten,

das Pferdchen hat ihn wohl gelitten.

Die Weihnachtsfrau schimpft: So ein Quatsch,

das Pferd latscht mit dir durch den Matsch.

Da drüben steht dein Luxusschlitten,

genug bist du erst mal geritten.

Das Pferd, das bringst du jetzt zurück.

Die Rentiere sind da, zum Glück.

Ab jetzt mit dir, hoch in den Himmel.

Ihr fliegt sofort los mit Gebimmel.

Der Weihnachtsmann gehorcht und startet.

Du hast ja schon so lang gewartet.

Dein Adventsgutschein

Einmal Rücken bemalen

Am besten nimmt man dazu Wasser- oder Fingerfarben, die leicht abgewaschen werden können. Wenn man sich nicht die Haut bemalen lassen möchte, dann geht auch ein altes, weißes T-Shirt. Für Kinder ist es auf jeden Fall super-lustig, Mama oder Papa zu bemalen.

14. Dezember

Das beste Geschenk der Welt

Seit Tagen grübelte Mimi. Was könnte sie Mama bloß zu Weihnachten schenken? Es sollte ein ganz besonderes Geschenk sein. Eines, das Mama besser gefiel als alle anderen Geschenke. Das beste Geschenk der Welt! Aber Mimi wollte einfach nichts einfallen. Sie beschloss, sich Rat zu holen.

Erst fragte sie den Hofhund Bommel. „Was ist das beste Geschenk der Welt?“ Der runzelte die Stirn, überlegte eine Weile und sagte dann: „Das ist ganz klar. Ein Knochen. Ein Knochen ist das beste Geschenk der Welt.“ „Ich weiß nicht recht“, antwortete Mimi zweifelnd. „Was soll Mama denn mit einem Knochen anfangen? Ich glaube, das ist keine gute Idee.“ Bommel zuckte mit den Schultern und dachte sich, wie seltsam Menschen doch sind. Dann legte er sich unter einen Baum und schlief ein.

Mimi sah die große graue Katze und fragte sie: „Was ist das beste Geschenk der Welt?“ Die graue Katze runzelte die Stirn, überlegte eine Weile und sagte dann: „Das ist ganz klar. Ein Topf voller Sahne. Sahne ist das beste Geschenk der Welt.“ Mimi schüttelte den Kopf. Sahne kaufte Mama die ganze Zeit. Das war sicher kein gutes Geschenk. Sie musste jemand anderen fragen.

Da traf sie einen Hasen mit langen Ohren. „Was ist das beste Geschenk der Welt?“, fragte Mimi. Der Hase runzelte die Stirn, überlegte eine Weile und sagte dann: „Das ist ganz klar. Eine Karotte. Karotten sind das beste Geschenk der Welt.“ Mimi fand, dass das eine alberne Idee sei. Karotten wuchsen im Garten und Mama machte daraus Suppe und Salat und Gemüse. Das war kein wirkliches Geschenk.

Da flog ein kleiner Vogel vorbei. Mimi rief ihm zu: „Was ist das beste Geschenk der Welt?“ Der Vogel runzelte die Stirn, über legte eine Weile und sagte dann: „Das ist ganz klar. Ein Wurm. Ein Wurm ist das beste Geschenk der Welt.“ Mimi schüttelte sich. Was Mama von Würmern hielt, wusste sie. Sie durften nicht ins Haus gebracht werden.

Im Walnussbaum huschte ein Eichhörnchen umher. „Was ist das beste Geschenk der Welt?“, rief Mimi fragend. Das Eichhörnchen überlegte eine Weile und sagte dann. „Das ist ganz klar. Eine Nuss. Eine Nuss ist das beste Geschenk der Welt.“ Mimi überlegte. Im Wohnzimmer stand eine Schüssel mit Nüssen. Die hatte Mama dahin gestellt. Eine Nuss war also wirklich kein besonderes Geschenk.

Mimi wusste immer noch nicht, was sie Mama schenken sollte. Und am nächsten Tag war schon Weihnachten! Sie dachte nach. Dann setzte sie sich an den Schreibtisch in ihrem Zimmer und malte Mama ein schönes Bild. Darauf waren ein

Hund, eine Katze, ein Hase, ein Vogel und ein Eichhörnchen zu sehen. Dann malte Mimi noch ein großes, rotes Herz. Das Bild rollte sie zusammen und band ein goldenes Bändchen drum herum.

Am Weihnachtsabend rollte Mama das Bild auf und Mimi sagte: „Eigentlich wollte ich dir das beste Geschenk der Welt machen. Aber mir ist nichts eingefallen. Und den Tieren auch nicht." Und dann erzählte sie Mama, was der Hund, die Katze, der Hase, der Vogel und das Eichhörnchen für das beste Geschenk der Welt hielten.

Mama drückte Mimi fest an sich:" Danke mein Schatz, dass du mich so lieb hast und dass du mir das allerbeste Geschenk der Welt machen wolltest. Und das hast du geschafft! Denn DU bist mein allerbestes Geschenk." Da war Mimi sehr zufrieden und aß einen von den leckeren Kokoskeksen.

Bim, Bam, Bum

Bim Bam Bum, das Warten ist jetzt rum.

Bam Bum Bim, so froh ich jetzt schon bin!

Bum Bim Bam, jetzt bin ich endlich dran.

Kling Klang Klong, ich sitz auf meinem Thron.

Klong Klang Kling, weil ich so wichtig bin.

Kling Klong Klang, ich bin auch gar nicht bang.

Wirle Wurle Weihnachtstraum.

Endlich ist er da der Baum.

Wurle Wirle Weihnachtszeit,

endlich ist es jetzt soweit.

Dein Adventsgutschein

Ein Zimmer voller Kerzen

Das passt so richtig schön zum Advent. Gemeinsam werden Kerzen und Teelichter überall im Raum aufgestellt. Dann werden die Lampen ausgemacht und alle Kerzen angezündet. Das sorgt für einen herrlich friedlichen Moment. Dazu können Sie dann Weihnachtslieder auflegen und mitsingen.

15. Dezember

Die Zwergenweihnacht

Tief unter der Erde wohnen die Zwerge. Sie haben es sich dort recht gemütlich eingerichtet. Besonders in der Weihnachtszeit sehen die unterirdischen Höhlen sehr hübsch aus. Überall leuchten Edelsteine an den Wänden, Laternen hängen von den Decken und der Boden ist mit Tannenzweigen bedeckt. Zwerge lieben Weihnachten und ganz besonders lieben sie Tannenbäume.

Ein paar Tage vor dem Fest machten sich die Zwerge auf in den Wald, um ihren Weihnachtsbaum zu holen. Sie wollten sich die schönste Tanne aussuchen und deswegen suchten sie lange nach der richtigen. Endlich hatten sie sie gefunden. Sie war nicht zu groß und nicht zu klein. Sie war nicht zu dick und nicht zu dünn. Sie war nicht zu alt und nicht zu jung. Sie war gerade richtig. Die Zwerge sahen einander an und nickten begeistert. Dann nahm der größte Zwerg seine Axt und fällte die Tanne. Dann trugen sie gemeinsam ihren Weihnachtsbaum in die Höhle.

Die Zwergenkinder warteten schon ungeduldig. Als die Tanne in der Höhle aufgestellt war, umringten sie den Baum und sangen: „Oh du schöner Tannenbaum, Tannenbaum, Tannenbaum! Oh du schöner Tann-Tannenbaum!“

Ihre Mütter hatten die Kisten mit dem Weihnachtsschmuck schon bereit gestellt und die Zwergenkinder fingen gleich an das schöne Bäumchen zu schmücken. Goldenes und silbernes Gras wurde in die Zweige gehängt. Leuchtende Edelsteine auf die Äste verteilt und auf die Spitze kam ein rotes Zwergenmützchen.

Der allerkleinste Zwerg Zippel wollte gerade einen roten Rubin in einen der untersten Zweige hängen, als er plötzlich in zwei schwarze Äuglein schaute.

„Pieps", machte das kleine Schnäuzchen, das sich jetzt zwischen den Nadeln zeigte und Zippel ließ erschrocken seinen Rubin fallen. „Hilfe", schrie er. „Da macht was Pieps!"

Alle Zwerge kamen angerannt und versammelten sich um Zippel. Sie wollten auch sehen, was da Pieps machte. Und da trippelten drei Mäuschen aus den Tannennadeln. Eine kleine und zwei ganz kleine. „Guten Abend. Ich bin Smeralda und das sind meine Kinder. Ihr habt unsere Wohnung entführt!" Die Maus Smeralda schaute sich in der Zwergenhöhle um. „Schön gemütlich und warm habt ihr es hier."

Zippel und die anderen Zwerge schauten einander an. „Es tut uns sehr leid, dass wir eure Wohnung entführt haben“, sagte Zippel entschuldigend. „Wir wussten ja nicht, dass ihr in unserem Weihnachtsbaum wohnt.“

„Wer weiß, wofür es gut ist.“ Semeralda drückte ihre Kinder an sich. „Draußen ist es kalt und dunkel. Hier ist es so schön warm und festlich. Dürften wir Weihnachten wohl mit euch feiern?“, fragte sie schüchtern. Und die beiden Mäusekinder schauten die Zwerge bittend an.

Die Zwerge flüsterten kurz miteinander und dann sagte Zippel. „Ihr dürft Weihnachten gern bei uns verbringen. Aber nicht in unserem Weihnachtsbaum!“ Die Zwerge richteten ein Strohbettchen für die Mäusefamilie neben dem Ofen und dann freuten sich alle und sangen: „Oh du schöner Tannenbaum, Tannenbaum, Tannenbaum! Oh du schöner Tann-Tannenbaum!“

Einmal im Jahr

Ach wie schön ist Weihnachten,

einmal nur im Jahr.

Eine ganz besondere Zeit,

das ist wirklich wahr.

Ach wie freu ich mich darauf,

einmal nur im Jahr.

Wenn der Baum im Zimmer steht,

das ist wunderbar.

Glitzerlichter, stille Zeit.

Einmal nur im Jahr.

Wenn wir dann zusammen sind,

werden Wunder wahr.

Dein Adventsgutschein

Gemeinsam im Wald spazieren gehen

Ein gemeinsamer Waldspaziergang in der Adventszeit ist eine wunderbare Gelegenheit über die Tiere im Winterschlaf zu sprechen, Tannenzapfen zu sammeln und die Zeit miteinander zu genießen.

16. Dezember

Eine Mütze für Rentier Ronnie

Der Weihnachtsmann schaute prüfend auf die Rentiere, die sich vor ihm versammelt hatten. Wie jedes Jahr wählte er die sechs aus, die seinen Schlitten ziehen sollten. Nervös stampften die Rentiere mit den Hufen. Jedes einzelne wünschte sich ganz fest, dass es dieses Jahr an der Reihe wäre. Jedes einzelne, bis auf eines: Ronnie. Er duckte sich hinter seinem Freund Bertie. Vielleicht würde der Weihnachtsmann ihn ja gar nicht sehen. Vielleicht würde er einfach nicht auf ihn deuten. Vielleicht könnte er in der Weihnachtsnacht ja einfach zu Hause bleiben. Ronnie schloss die Augen und hoffte, dass der Weihnachtsmann ihn dann nicht sehen würde.

Aber da deutete der schon auf das kleine Rentier und sagte: „Ronnie, du bist dabei. Außerdem Bertie, Wummi, Piffpaff, Blitzi und Lupo." Ronnie rutschte das Herz in die Hose. Die anderen fünf traten stolz vor und ließen sich bewundern. Ronnie ließ den Kopf hängen und stellte sich zögernd zu ihnen.

Der Weihnachtsmann schaute ihn überrascht an. „Nanu, Ronnie? Freust du dich denn gar nicht?" Ronnie schluckte. „Doch, doch … es ist bloß … also … eigentlich …", er stotterte und schaute auf den Boden. Dann hob er langsam den Kopf, fasste all seinen Mut zusammen und sah den Weihnachtsmann an. „Ich habe Angst vor dem Fliegen"; platzte er heraus.

Die anderen Rentiere kicherten und Ronnie wurde so rot wie die Mütze des Weihnachtsmanns. Der schaute ihn nachdenklich an und kratzte sich am Kopf. „Das ist sehr ungewöhnlich"; sagte er dann. „Aber für alles gibt es eine Lösung. Wir fragen meine Frau. Der fällt bestimmt etwas ein.“ Und er schickte Ronnie zur Weihnachtsfrau in die Elfenwerkstatt.

Die war gerade sehr beschäftigt. Sie strickte Weihnachtsmützen, damit die Kinder im Winter warme Ohren hatten. Erstaunt schaute sie Ronnie an, als der ihr erzählte, dass er Angst davor hatte, mit dem Schlitten zu fliegen. „Es ist so hoch da oben am Himmel und mir wird so leicht schwindelig.“, nuschelte Ronnie verlegen.

Die Weihnachtsfrau nickte und überlegte eine Weile. „Du hast Glück!“, rief sie dann und griff in die Kiste mit den fertigen Weihnachtsmützen. „Ich habe noch eine Flugmütze übrig, die kannst du gern haben.“

„Eine Flugmütze?“, fragte Ronnie neugierig. „Was ist das?“

„Eine Flugmütze vertreibt natürlich die Angst vor dem Fliegen“. Energisch schnitt die Weihnachtsfrau zwei Löcher in eine hübsche, rot-grün karierte Mütze. „Die

Löcher sind für dein Geweih." Dann zog sie Ronnie die Mütze über den Kopf. „Passt! Wenn du die aufhast, hast du keine Angst vor dem Fliegen mehr. Und außerdem bleiben deine Ohren schön warm."

Ronnie konnte sein Glück kaum fassen. So einfach war das! Beruhigt ging er schlafen. Morgen war Weihnachten und er freute sich schon auf den Schlittenflug.

Stolz trug Ronnie seine Mütze, als er mit den anderen fünf Rentieren vor den Schlitten gespannt wurde. Dann stieg der Weihnachtsmann ein, schnalzte mit der Zunge und los ging die Fahrt! Ronnie fühlte sich federleicht werden und dachte: „Ach, wie ist das Fliegen schön!"

Zwei Häschen im Wald

Es trafen sich im tiefen Wald
zwei Häschen zum Geplauder.
Im Wald war's dunkel und auch kalt,
wie's halt so ist im Winterwald.
Sie hatten sich zum Tee getroffen,
die Kanne war bereits halb offen.
Der Kuchen war schon angeschnitten,
ein Häschen wollt um Milch noch bitten,
als plötzlich sie ein Schaudern spürten,
während sie den Tee umrührten.
Es war, als wär vorbeigehuscht,
der Weihnachtsgeist in Weihnachtskluft.
„Jetzt haben wir die Weihnacht überrascht",
sagt's Häschen noch im Kauen.
Da steht der Geist in seiner Pracht
und runzelt seine Brauen.
„Wie wär's mit einer Tasse Tee und einem Stückchen Kuchen?
Er schmeckt ganz überragend gut, du kannst ihn gern versuchen."
So sitzen Häschen und der Geist gemeinsam tief im Wald.
Im Wald war's dunkel und auch kalt.
Wie's halt so ist im Winterwald.

Dein Adventsgutschein

Gemeinsam im Zelt schlafen

Die Übernachtung im „Zelt“ findet auf dem Boden im Wohnzimmer oder Schlafzimmer statt. Sie brauchen dafür nicht einmal ein richtiges Zelt. Sie können Tücher über einen Tisch oder den Wäscheständer hängen, eine Matratze oder Campingmatte darunter schieben und Kissen und Decken mitnehmen. Am besten auch noch eine Taschenlampe und dann wird zum Einschlafen eine Geschichte aus diesem Buch vorgelesen. Kinder finden es aufregend, nicht im eigenen Bett zu schlafen, vor allem wenn Mama oder Papa mit dabei sind.

17. Dezember

Das einsame Schneeflöckchen

Leise rieselte das kleine Schneeflöckchen vom Himmel. Sie war ein wenig aufgeregt, denn es war ihre erste Reise. Ganz tief unter sich sah sie Häuser und Straßen, Bäume und Felder, Berge und Wälder. „Was für ein weiter Weg“, dachte sie. „Ich hätte mir ein wenig Verpflegung für unterwegs einpacken sollen.“ Dann fiel ihr ein, dass sie ja auch keinen Rucksack hatte, in den sie etwas hätte packen können. Sie rieselte weiter.

Sie war nicht die einzige Schneeflocke, die unterwegs war. Links und rechts von ihr, über ihr, unter ihr ... überall fielen andere Schneeflöckchen vom Himmel. „Vielleicht könnte man ja eine Unterhaltung beginnen“, dachte sie. „Damit die Reise nicht so langweilig ist.“ Sie schaute sich um und entdeckte eine hübsche Flocke, die fast doppelt so groß war wie sie selbst. „Das ist bestimmt eine erfahrene Flocke“, dachte das Flöckchen. „Die kann mir ganz sicher ein paar Auskünfte geben“.

Eifrig winkte sie der großen Schneeflocke, die ganz in der Nähe schwebte. „Hallo! Wie geht´s, wie steht´s? Das ist meine erste Reise. Du hast das sicher schon öfter gemacht, oder?“ Aber die Flocke beachtete das Flöckchen gar nicht. Still und stumm rieselte sie vorbei und war wohl zu vornehm, um zu antworten.

Enttäuscht sah sich das Schneeflöckchen nach gesprächigeren Reisegefährten um, aber so sehr sie auch rief und winkte und „Wie geht´s, wie steht´s“ fragte ... niemand beachtete sie. Da wurde das Schneeflöckchen sehr traurig. Wenn sie gekonnt hätte, dann hätte sie sicher geweint. Aber sie war zu kalt für Tränen.

Einsam rieselte sie weiter und sie konnte sich gar nicht mehr an der Reise freuen. Sie sah nach unten und bemerkte, dass sie schon viel näher an all die Häuser und Straßen, Bäume und Felder, Berge und Wälder gekommen war. Sie begann sich zu sorgen. Wo sie wohl landen würde? Und was würde dann mit ihr passieren? Ach, hätte sie nur irgendjemanden, der sie an der Hand nehmen würde, damit sie nicht so alleine wäre. Ach, hätte sie nur irgendeine freundliche Schneeflocke, mit der sie reden könnte. Ach, ach, ach!

Näher und näher kam sie den Häusern und Straßen, den Bäumen und Feldern, den Bergen und Wäldern. Da begann der Wind zu blasen und er pustete die einsame Schneeflocke zu einem Weihnachtsmarkt. Dort drehte sich ein Karussell mit bunten Holzpferden. Der Wind pustete noch einmal kräftig und das kleine Schneeflöckchen landete auf dem Kopf eines blauen Pferdchens. Aber sie lag da nicht alleine. Viele, viele anderen Schneeflocken waren schon vor ihr gelandet und viele, viele andere Schneeflocken kamen nach ihr.

Das war eine Freude! Alle Schneeflocken hielten sich an den Händen und verschmolzen zu einer hübschen Haube für das blaue Pferdchen. Das wieherte lustig und das Kind, das auf seinem Rücken saß, lachte froh. Dazu erklang ein Weihnachtslied. Es handelte von Schneeflöckchen mit weißen Röckchen und war ganz wunderschön.

Das einsame Schneeflöckchen war gar nicht mehr einsam. Es war sehr glücklich und umarmte die Schneeflocke, die neben ihr saß. Und gemeinsam freuten sie sich darüber, dass sie nicht allein waren.

Die Weihnachtsbäckerei

Der Tag der Weihnachtsbäckerei!

Am Tisch stehen Butter, Mehl und Ei,

Vanille, Zucker, Schokostreusel.

Kinder, Katze und die Mäusel,

sehnen sich nach all den Plätzchen

schnurrend freut sich schon das Kätzchen.

Mama schüttet, rührt und singt,

knetet Teig und Papa bringt,

einen Mistelzweig ins Haus.

Dann dreht er das Radio auf.

Leis erklingen Weihnachtslieder,

die schönste Zeit ist endlich wieder.

Dein Adventsgutschein

Einen Tag verkehrte Welt

An diesem Tag tauschen Mama oder Papa ihren Namen mit dem Kind. Man muss gut aufpassen, dass man sich nicht aus Versehen beim richtigen Namen nennt. Kinder lieben solchen „Blödsinn“. Ich bin sicher, dass das ein Tag voller Lachen wird.

18. Dezember

Die wundersame Kerze

Es war still und schön im Wohnzimmer. Mama hatte überall Kerzen angezündet. Sogar auf den Fensterbrettern standen welche. „Weihnachtszeit ist Kerzenzeit." Mama saß am Küchentisch und bastelte einen Adventskranz. „Wollen wir einen Kranz mit roten oder mit grünen Schleifen?", fragte sie.

Pia überlegte und reichte Mama einen Tannenzweig. „Rot UND grün", sagte sie dann. Mama lächelte. „Dann brauchen wir auch rote und grüne Kerzen". Sie ging zum Schrank, in dem sie die Kerzen aufbewahrte und suchte eine Weile. „Wir haben nur noch eine grüne Kerze. Naja, dann bekommt unser Adventskranz eben drei rote und eine grüne Kerze. Die grüne ist für den vierten Advent."

Die Adventszeit verging schnell und alle drei roten Kerzen auf dem Kranz waren schon angezündet worden. Die grüne Kerze war ungeduldig und konnte es kaum erwarten, endlich auch zu leuchten. Endlich kam der vierte Advent und Mama und Pia zündeten auch die grüne Kerze an. Wie freute sich das Kerzlein. Es betrachtete sich im dunkeln Fenster, in dem es sich ganz wunderschön spiegelte. Als es spät am Abend ausgeblasen wurde, war es traurig. Am liebsten hätte es immer weiter geleuchtet.

In der Nacht hatte es einen Traum. Eine Fee kam auf den Adventskranz herab geschwebt und machte es sich auf einer roten Schleife gemütlich. Die grüne Kerze fragte erstaunt: „Wer bist denn du?"

Ich bin eine Wunschfee und stell dir vor … du hast einen Wunsch frei." Die Fee baumelte mit den Beinen und sah die grüne Kerze erwartungsvoll an.

„Oh!", das grüne Kerzlein wurde ganz aufgeregt. „Wenn das so ist, dann möchte ich bitte ewig leuchten!" Die Wunschfee klatschte in die Hände und schon entzündete sich die Kerze und flackerte lustig im Wind, den die Fee mit ihren Flügeln machte. „Wunsch erfüllt", rief sie und dann verschwand sie wieder. Das grüne Kerzlein aber leuchtete im dunklen Zimmer.

Am nächsten Tag kamen Mama und Pia ins Wohnzimmer und erschraken, als sie die grüne Kerze auf dem Adventskranz sahen. „Ach du Schreck!" Mama sah Pia an und Pia sah Mama an. „Haben wir gestern etwa vergessen, die Kerze auszupusten?" Pia schüttelte den Kopf. „Dann würde sie jetzt schon längst herunter gebrannt sein, oder?" Beide betrachteten die Kerze, die noch genauso groß wie gestern war. Mama pustete, Pia pustete, aber die Kerzenflamme erlosch nicht.

Innerlich kicherte das grüne Kerzlein und es freute sich so sehr, dass es immer weiter leuchten durfte. Und so brannte die Kerze warm und schön vor sich hin bis zum Weihnachtsabend und alle wunderten sich. Das grüne Kerzlein schaute zu, wie Pia ihre Weihnachtsgeschenke auspackte. Sie lauschte Mama und Pia, wie sie Weihnachtslieder sangen. Und sie schnupperte begeistert, als die beiden Ingwerkekse aßen und Orangentee tranken. Dann war Weihnachten vorbei und alle Kerzen waren ausgepustet.

„Du bist unser Weihnachtswunder", sagte Mama zum grünen Kerzlein. Vorsichtig nahm sie es aus dem Adventskranz und steckte es auf einen silbernen Kerzenständer. Den stellte sie ins Fenster. „Du sollst uns daran erinnern, dass sie Welt voller Wunder ist". Mama küsste Pia auf den Kopf und dann gingen sie ins Bett. Das Kerzlein aber leuchtete weiter und weiter und weiter.

Warten ist schön

Die Zeit des Wartens ist so fein,
so wunderbar und obendrein
so spannend und so hoffnungsfroh,
das Warten ist das A und O.
Auf schöne Sachen wie Geschenke,
Familienzeit und Heißgetränke.
Kerzenschein und Weihnachtslieder,
alle lassen sich jetzt nieder.
auf den Sofas, auf den Sesseln,
so als säße man auf Nesseln.
Ungeduldig, froh und heiter,
geht das Warten immer weiter.
Und dann ist sie endlich da!
Die allerschönste Zeit im Jahr.

Gemeinsam Schiffe versenken spielen

Schiffe versenken geht am besten in der Badewanne. Dort lässt man eine Plastikschüssel schwimmen und füllt kleine Gegenstände oder Steine hinein, bis die Schüssel untergeht.

19. Dezember

Uropa erzählt

Jedes Jahr an Weihnachten kam Uropa zu Besuch. Immer brachte er seinen Koffer mit, in den er die Geschenke für Mama, Papa und Lucy gepackt hatte. Lucy freute sich immer sehr, wenn Uropa da war. Er konnte die schönsten Geschichten erzählen und jeden Abend vor dem Schlafengehen legte sich Lucy auf das große Kuschelkissen im Wohnzimmer und lauschte. Uropa hatte seinen altmodischen Hausmantel angezogen und saß in dem roten Ohrensessel vor dem Kachelofen.

Dann erzählte er. „Ich kann mich noch an einen Winter erinnern, da lag der Schnee so hoch, dass wir die Haustür nicht mehr aufmachen konnten. Mein Vater ist aus dem Fenster gestiegen und hat den Weg frei geschaufelt." Er seufzte. „Solche Winter gibt es heutzutage gar nicht mehr."

„Und ist der Schnee bis Weihnachten liegen geblieben?" Lucy hatte gespannt zugehört und sich vorgestellt, wie ihr eigener Papa mit einer Schaufel aus dem Fenster klettern musste, um den Weg vor ihrem Haus zu räumen.

„Und ob! Der Schnee ist den ganzen Winter geblieben!" Uropa zwirbelte seinen weißen Schnurrbart mit den Fingerspitzen. Er war sehr stolz, dass er noch so einen schönen Schnurrbart hatte. „Wenn ich in die Schule wollte, dann musste ich vier Kilometer durch den Schnee stapfen und ich hatte nicht einmal eine lange Hose! Eine dicke, kratzige Strumpfhose musste ich anziehen und darüber meine kurze Lederhose. Und Stiefel hatte ich auch keine. Ja ja, das waren noch Zeiten." Uropa trank genüsslich einen Schluck Tee.

Lucy stellte sich vor, wie sie mit kratziger Strumpfhose, kurzer Hose und ihren Turnschuhen durch den Schnee stapfte, um zur Schule zu kommen. „Hast du dich denn nicht erkältet, wenn du mit kurzer Hose in der Kälte und dem Schnee warst?", fragte sie besorgt.

„Erkältet? Wir haben uns damals nicht so schnell erkältet." Uropa nahm sich einen Schokokeks und kaute genüsslich. „Wir waren abgehärtet. Uns hat niemand mit dem Auto durch die Gegend kutschiert. Wir hatten nicht einmal ein Auto. Mein Vater hatte ein altes Fahrrad und einen Schubkarren. Ja ja, das waren noch Zeiten."

Lucy dachte nach. „Das waren ja eigentlich gar keine so schöne Zeiten, oder? Ich würde nicht gern vier Kilometer durch den Schnee zur Schule stapfen. Ich finde es super, dass Papa oder Mama mich mit dem Auto hinfahren können, wenn ich den Bus verpasst habe."

Uropa sah sie überrascht an. „Na ja, wenn man es so betrachtet … eigentlich hast du recht. Aber wir kannten es ja nicht anders. Ja, du hast ganz recht. Eigentlich bin ich froh, dass ich heutzutage lange Hosen und Stiefel habe und mit dem Auto fahren kann." Uropa lachte und zwickte Lucy mit den Fingern sanft in die Nase. „Du bist ein kluges Mädchen. Und wenn wir Glück haben, dann schneit es heute Nacht und dann haben wir weiße Weihnachten."

„Und dann muss Papa aus dem Fenster steigen, weil der Schnee so hoch ist, dass die Haustür nicht mehr aufgeht", lachte Lucy vergnügt.

In diesem Augenblick kam Mama herein. Sie deutete aufs Fenster: „Guckt mal, es schneit!" Und tatsächlich. Dicke weiße Flocken wirbelten vor dem Fenster. „Wie schön", sagte Mama. „Dieses Jahr gibt's weiße Weihnachten."

Wir suchen!

Wo ist der Christbaumständer bloß,
die Preiselbeeren zu der Soß?
Wo ist denn das Geschenkpapier?
Die grünen Kugeln sind nicht hier.
Wo ist das goldene Lametta wieder?
Und die Noten für die Lieder?
Weihnachtszeit ist Zeit zum Suchen
und man könnte sich verfluchen,
dass man wieder mal vergaß,
wohin bloß räumte man das Glas,
das schöne mit dem Weihnachtsengel.
In diesem Schrank herrscht ein Gedrängel!
Von großen Dingen, kleinen Sachen,
Dingen, die uns Freude machen.
Kunterbuntes Allerlei,
was ich such, ist nicht dabei.
Ach, dass man so gar nichts findet!
Meine Hoffnung langsam schwindet.
Bald ist Weihnachten vorbei,
dann such ich das Osterei.

Dein Adventsgutschein

Vorlesen ohne Ablenkung mit Tee und Kuchen

Vorlesen und Kuscheln ist eine wunderbare Elternzeit. Vor allem, wenn Sie dafür sorgen, dass es wirklich keine Ablenkung gibt. Sogar das Handy wird ausgeschaltet. Dazu gibt es Tee und Kuchen. Sie können zum Beispiel anbieten, dass Sie zuerst die Lieblingsgeschichte Ihres Kindes und dann die eigene Lieblingsgeschichte vorlesen.

20. Dezember

Der abenteuerlustige Christbaumstern

Ganz oben auf dem Weihnachtsbaum saß der Christbaumstern. Jedes Jahr zu Weihnachten wurde er aus seiner Schachtel geholt und auf ganz oben auf die Spitze gesetzt. Dort saß er dann und schaute sich das Wohnzimmer an, in dem mittlerweile nur noch eine alte Dame zuhause war. Seit vielen, vielen Weihnachten saß der Stern auf dem Baum. Er hatte Kinder spielen gesehen, lustige Feiern, Tränen und Lachen. Aber seit einigen Jahren gab es nur noch die alte Dame. Der Christbaumstern hatte genug. Er wollte etwas Neues erleben.

Am Abend, als alles still war, kletterte der Stern von seinem angestammten Platz. Er huschte durch die Haustür und stand zum ersten Mal in seinem Leben auf der Straße.

Staunend schaute er sich um. Ein Haus stand neben dem anderen. So viele Häuser! Alle hatten erleuchtete Fenster und der Stern hüpfte auf das nächstbeste Fensterbrett und schaute in das Haus hinein. Dort stand ein Weihnachtsbaum, der mit bunten Kugeln geschmückt war und auf seiner Spitze saß ein roter Glitzerstern.

„Besetzt", dachte der Stern und lief weiter. Er wollte so gern einen neuen Weihnachtsbaum finden. Einen, der noch einen Stern brauchte. Er war sicher, dass es irgendwo für ihn ein schönes Plätzchen bei einer netten Familie geben würde.

Er lief weiter, auf der Suche nach einem Weihnachtsbaum, der noch einen Christbaumstern brauchen konnte. Ganz in der Nähe wurde in einem gemütlichen Wohnzimmer gerade der Baum geschmückt. Der Christbaumstern hüpfte auf das Fensterbrett und schaute ins Zimmer hinein.

Zwei Mädchen und ein Junge wühlten in den Schachteln mit dem Weihnachtsschmuck und Mama sagte: „Zuerst kommt der Christbaumstern auf den Baum. Wo ist er bloß?" Der kleine Junge nahm den Deckel von einer kleineren Schachtel und rief: „Ich hab ihn!" Es war ein sehr alter, sehr hübscher Stern aus buntem Glas. Eines der Mädchen riss dem Jungen den Stern aus der Hand. „Ich, ich, ich will ihn auf die Spitze stecken!"

„Nein, ich!", rief das andere Mädchen und die beiden balgten sich um den Stern, bis er schließlich zu Boden fiel. Klirr! Alle starrten auf die bunten Scherben. „Oh nein!" Mama kniete sich hin. „Der Stern hat schon meiner Großmutter gehört und jetzt ist er kaputt.“ Verlegen standen die Kinder um ihre Mama herum. „Wir können morgen einen neuen basteln“, sagte der Junge. „Vielleicht aus Stroh?“ Mama nickte. „Das ist eine gute Idee.“ Aber ein wenig traurig war sie doch.

Der Christbaumstern auf dem Fensterbrett jubelte. Hier wurde er gebraucht! Er wartete, bis alle ins Bett gegangen waren, dann huschte er leise unter der Haustür hindurch, lief ins Wohnzimmer und kletterte auf den Weihnachtsbaum. Er freute sich schon auf den nächsten Tag, wenn die Kinder ihn entdecken würden.

Der kleine Junge kam als erster ins Wohnzimmer. Wie angewurzelt blieb er stehen. „Mama, Mama, da ist ein Christbaumstern auf unserem Baum!“ Mama und die beiden Mädchen kamen herbei gelaufen und trauten ihren Augen kaum. Da leuchtete ein wunderschöner, goldener Stern oben auf der Tannenspitze und lächelte verschmitzt. Der abenteuerlustige Christbaumstern hatte ein neues Zuhause gefunden!

Ding dong Weihnachten

Ding dong Weihnachtsmann, weil er so schön schenken kann

Dong ding Wichteltür, weil da bin ich echt dafür

Ding dong, Weihnachtsbaum, weil da hängt die Schoko dran

Dong ding, ach wie fein

Weihnacht kann bald wieder sein

Dein Adventsgutschein

Eine Schatzsuche

Je nach Wetter im Haus oder im Garten, im Park oder im Wald. Einfach einen „Schatz“ verstecken und dann suchen lassen. Am besten zeichnet man eine Schatzkarte, mit der man auf die Suche geht. Der „Schatz“ kann eine Süßigkeit sein, ein kleines Spielzeug oder eine bunte Feder. Was immer Ihnen einfällt.

21. Dezember

Der Zauberhut

Es war einmal ein Weihnachtszauberer. Der kam jedes Jahr zu Weihnachten auf die Erde, um Gutes zu tun. Nicht viele Leute kannten ihn. Er war ein wenig schüchtern und stand nicht gern im Mittelpunkt. Zudem wollte er dem Weihnachtsmann nicht in die Quere kommen. Den kannte schließlich jeder und das war dem Weihnachtszauberer ganz recht. So konnte er unauffällig herumspazieren und seine kleinen Zaubereien veranstalten. Er war ziemlich klein und unauffällig, in seinem grauen Anzug und seinem schwarzen Hut. Dieser Hut war etwas ganz Besonderes. Aus ihm konnte er alles holen, was er brauchte.

So lief er also auch in diesem Jahr durch die verschneiten Straßen der Städte und hielt Ausschau nach jemandem, dem er helfen konnte. Da sah er in einem Garten einen kleinen weißen Hund, der verzweifelt an der Haustür kratzte. Sein Frauchen hatte ihn ausgesperrt und jetzt war ihm kalt und er winselte ganz jämmerlich. Der Weihnachtszauberer nickte. Zeit zum Zaubern! Er trat in den Garten und nahm seinen Hut ab. Der kleine Hund sah überrascht auf den kleinen Weihnachtszauberer, der da so plötzlich in seinem Garten erschienen war und den Hut vor ihm zog.

„Zauberhut, sei so gut. Gib mir, was ich brauch. Und dem Hündchen auch“, murmelte der Zauberer. Dann zog er eine Hundehütte aus dem Hut, eine warme Decke, einen Fressnapf und einen großen Knochen. Der kleine Hund bellte überrascht. Dann zog er die Decke in die Hundehütte und machte es sich gemütlich. Den Fressnapf mit dem Knochen nahm er auch mit.

Der Weihnachtszauberer marschierte fröhlich weiter. Da sah er ein junges Bäumchen, das ächzte und stöhnte, weil so viel Schnee auf seinen zarten Zweigen lag. Es sah aus, als würde es gleich zusammenbrechen.

„Zeit zum Zaubern", dachte der Weihnachtszauberer. Er nahm seinen Hut ab, griff hinein und murmelte: „Zauberhut, sei so gut. Gib mir, was ich brauch. Und dem Bäumchen auch." Dann holte er einen großen Fön aus dem Hut und ließ damit den Schnee auf dem Bäumchen schmelzen. Dann griff er noch einmal in den Hut und brachte einen großen Sonnenschirm zum Vorschein, den er über dem Bäumchen aufstellte. Das freute sich, weil es jetzt vor dem Schnee geschützt war.

Als der Weihnachtszauberer weiter gehen wollte, hörte er jemanden weinen. Es war ein kleines Mädchen. Sein Papa stand da und schaute es hilflos an. „Es tut mir leid, mein Schatz. In diesem Jahr haben wir einfach kein Geld übrig für einen Weihnachtsbaum. Aber Tannenzweige sind doch auch schön, nicht wahr?"

Der Weihnachtszauberer trat näher und nahm den Hut ab. „Zeit zum Zaubern!" Er griff in seinen Hut und flüsterte: „Zauberhut, sei so gut. Gib mir, was ich brauch. Und dem Mädchen auch." Und schon holte er einen riesigen Weihnachtsbaum heraus, komplett geschmückt mit Kerzen, Kugeln und Lametta.

Das kleine Mädchen hörte auf zu weinen und riss die Augen auf. Dem Papa blieb der Mund offen stehen und dann sagte er leise „Danke". Der Weihnachtszauberer aber lächelte still und ging weiter. Bestimmt würde er noch jemandem finden, dem er helfen konnte. Dank brauchte er keinen. Er war glücklich, wenn er anderen eine Freude machen konnte.

Das Allerschönste

Weißt du, was das Schönste ist an der Weihnachtszeit?
Sind es Kugeln, Kerzen, Kekse und Geschenke weit und breit?
Sind es Wichtel, Weihnachtsengel und der Weihnachtsmann im Haus?
Sind es Nüsse, Nougat, Nelken und der Besuch von Onkel Klaus?
Nein, das alles ist was Feines, aber etwas anderes zählt viel mehr.
Was das Schönste ist am Fest, das empfehle ich dir sehr.
Es ist Liebe, Lachen, Freude und ein bisschen Dankbarkeit
für die Menschen, die du lieb hast und auch für Familien-Zeit.
Wenn's Weihnacht ist und friedlich wird, dann können wir uns freuen.
Von Herzen froh sollen wir sein, sonst würden wir's bereuen.

Dein Adventsgutschein

Gemeinsam eine Geschichte erfinden

Bei diesem Gutschein erfinden Sie gemeinsam mit Ihrem Kind eine kleine Geschichte. Jeder darf abwechselnd einen Satz sagen, bis die Geschichte fertig ist.

22. Dezember

Der musikalische Christbaumständer

Der Erfinder-Wichtel Neuzipf beugte sich grübelnd über seine Pläne. Er hatte dem Weihnachtsmann eine besondere Erfindung versprochen, die rechtzeitig zu Weihnachten fertig werden sollte. Neuzipf hatte sich einen Christbaumständer ausgedacht, der sich drehen konnte. Allerdings drehte er sich noch nicht. Irgendetwas stimmte nicht mit der Walze. Der Erfinder-Wichtel schraubte ein wenig hier, hämmerte ein wenig dort und zerbrach sich weiter den Kopf.

Das sah eine kleine Weihnachtselfe, die Mitleid mit dem erfolglosen Erfinder hatte. Sie wedelte ein wenig mit ihrem Zauberstab und wartete neugierig, was geschehen würde. Neuzipf ächzte und schraubte und drückte und hämmerte und da! Der Christbaumständer begann, sich langsam zu drehen. Der erfinderische Wichtel warf den Schraubenzieher in die Luft und hüpfte glücklich durch die Werkstatt. Es war geschafft! Seine Erfindung funktionierte. Der Weihnachtsmann würde Augen machen.

Die kleine Weihnachtselfe kicherte und wedelte wieder mit ihrem Zauberstab. Da erklang ein Weihnachtslied aus dem Christbaumständer. Neuzipf hörte auf zu hüpfen. Was war das? Hatte er aus Versehen eine Spieluhr eingebaut? Das war eindeutig „Kling Glöckchen, klingelingeling“. Wie war das möglich?

Die kleine Weihnachtselfe hielt sich die Hände vor den Mund, damit Neuzipf nicht hörte, wie sehr sie lachen musste. Dann wedelte sie noch einmal mit dem Zauberstab und plötzlich schossen kleine Raketen aus dem Christbaumständer, die ein buntes Feuerwerk in der Werkstatt auslösten.

Neuzipf verstand die Welt nicht mehr. Was hatte er denn da aus Versehen erfunden? Er stürzte zur Werkbank und blätterte hastig durch seine Pläne. Er konnte einfach nicht begreifen, wie das möglich war. Der Christbaumständer hatte sich inzwischen wieder beruhigt und stand still und stumm da, als wäre nichts geschehen. Da wedelte die Weihnachtselfe ein letztes Mal mit dem Zauberstab und verschwand.

Dann war es Zeit für den Weihnachtsmann, die Erfindung zu begutachten. Neuzipf hatte einen Weihnachtsbaum in den Ständer geschraubt und hoffte, dass nichts schief gehen würde. Er drückte auf den Knopf und schon begann der Christbaumständer sich zu drehen. Dazu erklang wieder „Kling Glöckchen, klingelingeling". Neuzipf wartete nervös auf die Raketen und das Feuerwerk und zog den Weihnachtsmann am Ärmel. „Vielleicht solltest du ein wenig Abstand halten", murmelte er dabei.

Der Weihnachtsmann sah den Erfinder überrascht an und in diesem Augenblick machte es „Puff!“ Hunderte glitzernde Sternchen stiegen aus dem Christbaumständer auf und blieben auf dem Weihnachtsbaum liegen.

„Potzblitz und Sapperlott!“ Der Weihnachtsmann klopfte Neuzipf auf den Rücken.“ Das nenne ich mal eine ordentliche Erfindung!“ Der erstaunte Erfinder starrte auf den wunderschönen Weihnachtsbaum und wischte sich den Schweiß von der Stirn. Das war ja noch mal gut gegangen.

Da hörte er ein leises Kichern von der Baumspitze. Dort saß die kleine Weihnachtselfe und zwinkerte ihm zu. Dann wedelte sie freundlich mit ihrem Zauberstab und flatterte davon.

O Weihnachtsbaum!

O Weihnachtsbaum, O Weihnachtsbaum,

wie schön sind deine Kerzen!

Sie leuchten still und hell hinein, in unser aller Herzen.

O Weihnachtsbaum, O Weihnachtsbaum,

wie duften deine Nadeln!

Der Duft vertreibt die Schmerzen all, sogar aus unseren Wadln.

O Weihnachtsbaum, O Weihnachtsbaum,

wie hoch bist du gewachsen!

Die kleine Katze Schnurrdiburr muss gleich an dir hoch kraxeln.

O Weihnachtsbaum, O Weihnachtsbaum,

wie fein sind deine Gaben!

Doch wenn zu End die Weihnachtszeit, dann landest du im Graben.

Dein Adventsgutschein

Gemeinsam ein Lied aufnehmen

Sicher gibt es ein Lied, das Ihr Kind kennt und mag. Es muss nicht einmal ein Weihnachtslied sein. Sie singen gemeinsam und nehmen es mit dem Handy auf, so dass Sie es immer wieder anhören können.

23. Dezember

Die verzauberte Bimmelbahn

Timo stand mit Mama und seiner kleinen Schwester Lola am Eingang zum Weihnachtsmarkt. Alle waren warm angezogen mit dicken Stiefeln, Schals und Mützen. Es schneite dicke Flocken und überall drängten sich Menschen um die Stände mit heißen Maroni und Punsch. Mama hatte gesagt, dass der Weihnachtsmarkt am schönsten ist, wenn es dunkel ist und schneit.

Und sie hatte recht. Alles sah aus wie im Märchen. Vor allem das hell erleuchtete Karussell und die Weihnachts-Bimmelbahn. Die fuhr auf Schienen um den ganzen Markt herum und Lola konnte es kaum erwarten, einzusteigen.

Timo war nicht so begeistert. In letzter Zeit war er oft schlecht gelaunt. Eigentlich seit Mama und Papa ihm erzählt hatten, dass sie umziehen würden. In eine andere Stadt. Weg von all seinen Freunden in der Schule.

Als Oma ihn gefragt hatte, was er sich zu Weihnachten wünschen würde, hatte er sehnsüchtig gesagt: „Dass wir nicht umziehen. Dass wir hier bleiben." Oma hatte ihn fest gedrückt, aber den Wunsch konnte sie ihm auch nicht erfüllen.

Mama zog ihn jetzt zum Kassenhäuschen der Bimmelbahn. Darin saß ein alter Mann mit einem weißen Bart und einem dicken Bauch. Er trug eine Brille und eine rote Wollmütze. Während Mama nach ihrem Geldbeutel suchte, schaute er Timo freundlich an. „Na, junger Mann? Was machst du denn für ein trauriges Gesicht?" Timo zuckte mit den Schultern und schwieg. Der alte Mann gab ihm eine Fahrkarte und beugte sich dann ein wenig vor." Eine Fahrt mit meiner verzauberten Bimmelbahn wirkt Wunder. Du wirst schon sehen."

Erstaunt sah Timo ihn an, aber da zog Mama ihn schon weiter und zu dritt nahmen sie in der Bimmelbahn Platz. Lola und Mama unterhielten sich fröhlich, aber Timo dachte noch immer über das nach, was der dicke Mann gesagt hatte. Was wohl jetzt geschehen würde?

Im letzten Augenblick setzte sich ein Junge neben ihn und dann fuhren sie los. Immer rund herum um den Weihnachtsmarkt. Der Jung stieß Timo in die Seite. „Hei! Ich bin Nico. Ich bin zum ersten Mal hier. Es ist wirklich cool, oder?" Timo nickte. „Ich bin neu hier. Wir sind erst vor ein paar Wochen hierhergezogen."

Timo sah ihn erstaunt an. Ob das ein Zufall war? „Und wie gefällt's dir hier? Ist das nicht komisch, wenn man keine Freunde mehr hat?" Nico sah ihn erstaunt an. „Ich hab schon jede Menge Freunde hier. Ich hab welche in der Schule, in der Nachbarschaft und im Fußballverein. Ich finde es super hier." „Und vermisst du deine alten Freunde denn nicht?"; fragte Timo vorsichtig.

„Nicht mehr", lachte Nico. „Ich hab jetzt halt andere Freunde. Freunde gibt's überall." Timo musste auch lachen. Plötzlich fühlte er sich viel leichter. Er freute sich auf Weihnachten und irgendwie freute er sich sogar auf das neue Abenteuer. Eigentlich war so ein Umzug ziemlich aufregend.

Sie fuhren noch ein paar Runden mit der Bimmelbahn und dann mussten alle aussteigen. Als Timo am Kassenhäuschen vorbei ging, nickte der alte Mann ihm zu. „Ich muss sagen, du siehst schon viel fröhlicher aus. Ich hab's ja gewusst. Eine Fahrt mit meiner verzauberten Bimmelbahn wirkt Wunder." Und er zwinkerte Timo zu. Der lachte und nahm Mamas Hand. „Und jetzt essen wir Maroni!"

Das Christkind ist da!

Durch einen kleinen Spalt zwischen Tür und Rahmen,

konnten sie drinnen ein Licht erahnen.

Sie drängelten sich vor dem Zimmer

und sahen einen kleinen Schimmer,

der huschte drinnen hin und her.

Das Christkind mühte sich gar sehr,

die Lichtlein in den Baum zu hängen,

die Kinder sah man still sich drängen,

um einen Blick noch zu erhaschen,

bevor sie sich die Nasen waschen.

Die naseweisen Nasen, die

sich schon so freuen, aber wie!

Denn morgen dann ist Weihnachten,

dann endlich ist es Weihnachten.

Dein Adventsgutschein

Ein Lachtag

An diesem Tag finden Sie und Ihr Kind lauter lustige Dinge, über die Sie lachen können. Wenn man sich erst einmal darauf konzentriert, lustige Sachen wahrzunehmen, dann findet man sie überall. Gemeinsam Lachen ist wunderschön!

24. Dezember

Der kleine Tannling findet Weihnachten

Dies ist die Geschichte des kleinen Tannling. Du kannst sie glauben oder nicht, aber alles ist tatsächlich genau so geschehen, wie es hier aufgeschrieben ist.

Es war in einem Land, in dem jeden Tag die Sonne schien. Morgens ging sie auf und am Abend pünktlich zur gleichen Zeit wieder unter. Die Tage waren heiß und die Nächte lauwarm. Es war ein Land, in dem niemand Winterstiefel oder Wollhandschuhe brauchte und die Menschen zu jeder Jahreszeit in kurzen Hosen und FlipFlops herumliefen.

Du kannst dir vorstellen, dass es ein Land war, in dem die Leute aus anderen Ländern gerne Urlaub machten. Wenn es bei ihnen zuhause kalt wurde und der Schnee fiel, dann stiegen sie in ein großes Flugzeug und ließen sich ins warme Sonnenland bringen, in dem sie sich wieder aufwärmten.

Viele kamen auch, um Weihnachten in der Sonne zu feiern. Dann wurden im ewigen Sommerland Weihnachtsbäume aus Plastik aufgestellt, damit die Leute sich weihnachtlich wohl fühlen konnten.

Die Plastikweihnachtsbäume wurden am Strand aufgestellt, vor den Geschäften und in den Hotels, in denen die Leute aus den Winterländern wohnten.

Es gab die Plastikbäume in verschiedenen Größen. Sie waren riesengroß, mittelprächtig groß oder zwergenklein. Alle sahen sie aus wie richtige Tannenbäume. Mit braunen Ästen, an denen grüne Nadeln wuchsen und einem schönen Wipfel, auf den man einen Stern stecken konnte. Sie standen in schweren Töpfen, damit sie nicht umfallen konnten. Wurzeln hatten die künstlichen Bäume nämlich nicht.

Natürlich waren sie auch geschmückt wie richtige Weihnachtstannenbäume. Sie bekamen künstliche Kerzen auf die Äste gesteckt und bunte Kunststoffkugeln leuchteten in den grünen Nadeln.

Ich will euch von einem der kleinsten Bäumchen erzählen. Er hieß Tannling und stand vor einem Eisgeschäft an der Strandpromenade. Er war vielleicht so groß wie ein Schirmständer und er hatte nicht nur Kugeln und Kerzen, sondern auch Plastikäpfelchen und Plastikvögelchen und Plastiknüsse und Plastiksternchen in seinen Ästen. Er war wirklich besonders hübsch und die Leute betrachteten ihn gern, wenn sie anstanden, um sich ein Eis zu kaufen.

Tannling ließ sich auch gern betrachten und wenn er auf die bunten Eiskugeln schaute, dann wurde ihm ganz sonderbar ums Herz. Das kalte Eis erinnerte ihn an irgendetwas, er wusste nur nicht genau woran. Er grübelte eine Weile und dann fiel ihm sein Ur-Ur-Ur-Großvater ein. Der hatte ihm immer gern Geschichten über Weihnachten erzählt. Über Weihnachten, wie es früher war. In einem Land, in dem es im Winter klirrend kalt wurde und die Erde mit einer weißen Schicht bedeckt war. Tannling dachte nach. „Schnee! Genau. Das war das Wort! So nannte man das damals in diesem Winterland. Und der Schnee fiel in großen, dicken Flocken vom Himmel und setzte sich auch auf die Tannenbäume, egal wo sie standen!“

Der kleine Tannling seufzte. „Das muss ein schöner Anblick sein“, dachte er. Und er schaute auf seine Plastiknadeln, die ein wenig verstaubt aussahen.

Hatte der Ur-Ur-Ur-Großvater nicht auch erzählt, dass die Nadeln der Tannenbäume im Winterland wunderbar geduftet hatten? Tannling schnupperte vorsichtig an seinen eigenen Nadeln. Er konnte nichts Besonderes riechen. Traurig klingelte er mit seinen Plastikglöckchen und schloss die Augen, damit er sich besser vorstellen konnte, wie es im Schneeland wohl aussah. Leise flüsterte er vor sich hin:

„Weihnachten im kalten Schnee. Ein schöner Weihnachtstannenbaum, duftende Tannennadeln. Weihnachten im kalten Schnee. Ein schöner Weihnachtstannenbaum, duftende Tannennadeln. Weihnachten im kalten Schnee. Ein schöner Weihnachtstannenbaum, duftende Tannennadeln."

Das hörte ein kleiner dicker Weihnachtsengel, der auf der Durchreise ins Winterland war. Er hatte es ein wenig eilig, weil er spät dran war und er rechtzeitig zum Weihnachtsfest im Schnee bei den echten Weihnachtsbäumen sein wollte. Er stoppte mitten im Flug und flatterte mit seinen goldenen Flügeln über dem kleinen Tannling, der immer noch vor sich hin murmelte: „Weihnachten im kalten Schnee. Ein schöner Weihnachtstannenbaum, duftende Tannennadeln."

„Naja", dachte sich der Weihnachtsengel, „Ein kleines Wunder wäre hier schon angebracht. So viel Zeit muss sein." Und er betrachtete den kleinen Tannling mitleidig. Er sah die staubigen Nadeln, die Plastikkugeln und Plastikkerzen und den rosafarbenen Topf, in dem der Kleine steckte.

„Hier wird's Zeit für richtige Weihnachten!" Der Engel wedelte ein paarmal mit den Händen und plötzlich wurde der Tannling von einer dicken Wolke verschluckt und davon getragen. Er erschrak und riss die Augen auf. Und was er sah, verschlug ihm den Atem!

Er stand in einer weißen, wunderbaren Winterlandschaft. Um ihn herum kleine, große und riesengroße Tannenbäume. Er stand in der Mitte und klingelte aufgeregt mit seinen Glöckchen. „Juhu!" rief er. „Ich bin tatsächlich im Winterland!" Allerdings schämte er sich ein bisschen über seine duftlosen Plastiknadeln. Doch dann zog ihm ein himmlischer Duft in die Nase. Es roch nach … Tanne! Und er war es, der so roch! Verwundert schaute er auf seine Nadeln. Die reckten und streckten sich, wurden saftig und dunkelgrün und dufteten genau so, wie sich das für einen echten Weihnachtsbaum gehörte. Er schaute nach unten, dahin, wo vorher der rosa Topf war, in dem sein Stamm steckte. Der rosa Topf war weg! Und plötzlich spürte er, wie etwas aus ihm heraus wuchs und sich durch den Schnee, tief hinein in die Erde bohrte. Tatsächlich! Er wurzelte! Genau wie ein richtiger Baum! Es fühlte sich wunderbar an und er musste an seinen Ur-Ur-Ur-Großvater denken, der ihm von seinen kräftigen Wurzeln erzählt hatte, die ihn so standhaft gemacht hatten, dass er jedem Wintersturm trotzen konnte. Der kleine Tannling spürte, wie sein Herz einen Sprung tat. Er war ein echter Baum geworden!

Plötzlich bewegte sich etwas in seinem Nadelkleid. Verwundert schaute Tannling auf ein braunes Mäuschen, das genüsslich an einem seiner Plastikäpfel kaute. „He! Plastik kann man doch nicht essen!“ rief Tannling erschrocken. Das Mäuschen blicke ihn verwundert an. „Wieso Plastik? Das hier ist ein richtig superguter, roter Apfel. Selten so einen köstlichen probiert!“ Und es mampfte zufrieden weiter. Tatsächlich. Seine Plastikäpfel waren zu richtigen Äpfeln geworden. Jetzt konnte Tannling sie sogar riechen! Und da! Die Plastikvögelchen, die an seinen Ästen hingen, streckten die Flügel, putzten sich geschäftig und machten erste, vorsichtige Flatterversuche.

Tannling blickte zu seinem Wipfelstern hoch und sah gerade noch, wie der sich erhob und in den Himmel davon zischte.

Und was geschah mit seinen Plastikkerzen? Die leuchteten wie Feuerschein und auch sie schwirrten in den Nachthimmel davon! Sie waren zu Glühwürmchen geworden. Die Plastiknüsse rollten die Äste entlang und plumpsten auf den Boden, wo sie von ein paar Eichhörnchen in Empfang genommen wurden, die sehr froh über das unverhoffte Abendessen waren.

Und was war mit den Weihnachtskugeln? Tannling schaute auf wunderhübsche Kugeln aus feinstem Glas, die in allen Farben leuchteten. Rot, Gold, Silber, Grün, Weiß und Blau. Sie klirrten leise zum Abschied und ließen sich von einem Windhauch davon tragen, der die Kugeln mit seinem kalten Atem in Schnee verwandelte, der sich auf dem Tannling niederließ. Das war wahrlich der schönste Schmuck, den sich der kleine Tannenbaum für seine grünen Nadeln vorstellen konnte. Seine Glöckchen klingelten zum Abschied und ihr Klingeln wurde zu flüsterndem Vogelgezwitscher, das sich in den hohen Ästen der anderen Tannen verlor.

Jetzt wurde es still und der Tannling atmete tief durch. Er war angekommen. Ein weihnachtlicher Frieden durchströmte ihn. Hier konnte er bleiben und die klirrende Kälte in Gesellschaft seiner Verwandten genießen.

Der kleine, dicke Weihnachtsengel nickte zufrieden und schaute auf den glücklichen Tannling herab. Der hatte sein Weihnachten gefunden.

Noch ein Kerzlein

Jetzt zünde ich ein Kerzlein an,

ich mag den Schein so sehr.

Zu sitzen hier im Kerzenlicht,

das mag ich noch viel mehr.

Jetzt zünd ich noch ein Kerzlein an,

nur eines wär doch schade.

Dann sitz ich still im Kerzenbann,

hol noch eins aus der Lade.

Das dritte Kerzlein auf den Schrank,

das vierte auf die Fensterbank.

Jetzt find ich keine Kerzlein mehr,

die Lade ist jetzt leider leer.

Vier Kerzlein sind gerade richtig,

ein fünftes ist doch gar nicht wichtig.

So leuchtet es zur Weihnachtszeit,

fürs Christkind bin ich jetzt bereit.

Dein Adventsgutschein

Ein Tag ohne Schimpfen

Einen ganzen Tag lang ist Schimpfen verboten. Sowohl für die Eltern, als auch für die Kinder. Sie können sich ein Signal ausmachen, wenn jemand trotzdem schimpft. Zum Beispiel in die Hände klatschen, Piep rufen oder ein Fähnchen schwenken. Kinder lieben es, Eltern zu „erwischen" und gleichzeitig wird ihnen bewusst, wie oft sie selbst schimpfen.

Schlusssatz:

Das war das vierundzwanzigste Türchen.

Endlich ist es soweit.

Frohe Weihnachten!

Ein kleines Weihnachtsgeschenk an dich!

Eine verträumte Traumreise zum wunderbar Einschlafen aus einem der Traumreisebücher … einfach mit dem Handy scannen und es kann los gehen.

Die Traumreise ins Schneesonnenland

Traumreisebücher:

Traumreisen für wunderbare Mädchen
Traumreisen für wunderbare Jungs
Traumreisen für wunderbare Kinder

Über die Autorin

Gabriele Liesenfeld unterstützt in Einzelsitzungen und Kursen Menschen dabei, ein glückliches Leben zu gestalten. Sie ist Autorin von Büchern für Erwachsene und Kinder und in all ihren Büchern geht es darum, mutig und zuversichtlich durchs Leben zu gehen und bewusst die eigene Realität zu gestalten. Sie leitet Meditationen für Erwachsene und Kinder an, die dabei helfen, unser Unbewusstes zu erreichen, Lösungen zu finden und Vertrauen in die eigene Gestaltungskraft zu bekommen.

Weitere Kinderbücher von Gabriele Liesenfeld

Traumreisen für wunderbare Mädchen

Geschichten und Fantasiereisen für Mädchen ab 5 zum friedlich Einschlafen und fröhlich Aufwachen

Taschenbuch ISBN: 978-3-9505294-0-1

Hardcover ISBN: 978-3-9505294-1-8

Traumreisen für wunderbare Jungs

Geschichten und Fantasiereisen für Mädchen ab 5 zum friedlich Einschlafen und fröhlich Aufwachen

Taschenbuch ISBN: 978-3-9505294-2-5

Hardcover ISBN: 978-3-9505294-3-2

Mama, Papa ... wie passiert Krieg?

Das Kinderbuch, das den Krieg erklärt. Eine Elfengeschichte und ein Experten-Ratgeber für Eltern. Mit einer Traumreise für Kinder gegen Angst.

Taschenbuch ISBN: 978-3-9823594-8-9

Hardcover ISBN: 978-3-9823594-9-6

Du bist der allergrößte Schatz ... ein grandioser Junge!

Mutmachbuch für tolle Jungs. Motivierende Geschichten für mehr Selbstvertrauen und innere Stärke.

Taschenbuch ISBN: 978-3982359441

Hardcover ISBN: 978-3982359458

Du bist der allergrößte Schatz ... ein grandioses Mädchen!

Mutmachbuch für tolle Mädchen. Motivierende Geschichten für mehr Selbstvertrauen und innere Stärke.

Taschenbuch ISBN: 978-3982359465

Hardcover ISBN: 978-3982359472

Floffl und Flo
Ein Mutmachbuch zum Wünsche erfüllen und besser Fühlen. Geschichten von magischen Tieren, Mut, Selbstvertrauen und Freundschaft
Taschenbuch ISBN: 978-3-9505125-8-8
Hardcover ISBN: 978-3-9505125-9-5

Traumreisen für wunderbare Kinder
Entspannungsgeschichten und Fantasiereisen zum friedlich Einschlafen und fröhlich Aufwachen.
Taschenbuch ISBN: 978-3-9505125-4-0
Hardcover ISBN: 978-3-9505125-5-7

Drachenhelden – Die magische Kraft des grünen Drachens
Kinderbuch ab 5 Jahren für Jungen und Mädchen
ISBN: 9783982359403

Der kleine Dino Klaps schafft das!
Abenteuer aus dem Dinosaurierland für Mädchen und Jungs
ISBN: 9798506857396

Die kleine Hexe Mimimi in der Zauberschule
Lustiges Kinderbuch für Schulanfänger und Schulkinder
ISBN: 9798723588646

Der Möllmännchenmann und das Tausendtürenland
Kurzgeschichten zum Mutmachen und Trösten
ISBN: 9798724138635

Bücher für Erwachsene:

Gelassenheit zum Mitnehmen
Zitate, Weisheiten und ,Texte für deinen inneren Frieden
Taschenbuch ISBN: 978-3-9505294-6-3
Hardvover ISBN: 978-3-9505294-7-0

Du musst nicht glücklich sein … aber du kannst!
Mein Glückskompass zum besser Fühlen und für's Finden von Selbstliebe, Freude, Achtsamkeit und Frieden in dir.
Taschenbuch ISBN: 978-3-9505125-6-4
Hardvover ISBN: 978-3-9505125-7-1

Meine Reise zur Gelassenheit
Das 1 x 1 für innere Ruhe und Loslassen von Stress und negativen Gedanken.
Gelassenheit lernen mit dem Rundum-Entspannt-Buch für ein bewusstes Leben
ISBN Taschenbuch: 978-3-9505125-0-2
ISBN Hardcover: 978-3-9505125-1-9

Erfolgreich beginnt im Kopf!
Die Kunst, Gedanken zu verwalten.
Das 21-Tage-Programm für ein neues Leben
ISBN Taschenbuch: 979854154870
ISBN Hardcover: 978-3-754143-66-7

Endlich Glück in der Liebe
Wie du deine Traumpartnerschaft manifestierst
ISBN: 9798634420219
Auch als Hörbuch erhältlich

Du und deine wundervolle Vorstellungskraft
Wie du das manifestierst, was du sein und haben willst
ISBN: 9781713369547
Auch als Hörbuch erhältlich

Vorstellungskraft und die Magie der Frage
Wie du Fragen stellst, die neue Möglichkeiten eröffnen
ISBN: 9781691592913

Vorstellungskraft und Revision nach Neville Goddard:
Ein Handbuch zum Manifestieren
ISBN: 9781099123450

Liebevolle Gedanken für ein ganzes Jahr
Inspirierende Herzensgeschenke für dich, deine Familie und deine Freunde
ISBN: 9781671761261

Einmal Hütte und zurück
Tagebuch einer Einsiedel-Woche
ISBN: 9781792032547

Urheberrecht

Haftungsausschluss

Der Inhalt dieses Buches wurde mit großer Sorgfalt geprüft und erstellt. Für sämtliche Inhalte kann jedoch keine Garantie übernommen werden. Dies gilt weder für die Richtigkeit, Vollständigkeit, noch Aktualität der Inhalte. Alle enthaltenen Informationen basieren lediglich auf der eigenen Meinung und persönlichen Erfahrung des Autors. Der Inhalt darf keinesfalls als medizinische Hilfe gesehen werden. Für selbstverursachte Schäden und Fehlhandlungen des Lesers wird daher keine juristische Haftung seitens des Autors übernommen. Zudem garantiert der Autor keinerlei Erfolge mit dem im Buch erwähnten Informationen, da diese wie oben genannt, nur auf der persönlichen Erfahrung des Autors basieren und lediglich als Unterhaltung dienen sollen. Die Verantwortung für die im Buch beschriebenen Ziele liegt einzig und allein beim Leser selbst. Gleichzeitig wird keine Haftung für die im Buch angegebenen Quellen übernommen. Für deren Inhalte ist einzig und allein der jeweilige Autor verantwortlich, weshalb der Autor automatisch von einer Haftung ausgeschlossen ist.

Printed in Poland
by Amazon Fulfillment
Poland Sp. z o.o., Wrocław

12644183R00081